청소년을 위한 리더십 수업

청소년을 위한 리더십 수업

초판1쇄 인쇄 | 2024년 9월 10일
초판1쇄 발행 | 2024년 9월 16일

지은이 | 정수진·오정환
펴낸이 | 김진성
펴낸곳 | 벗나래

편 집 | 이경일, 정주영, 김선우
디자인 | 이은하
관 리 | 정보해

출판등록 | 2012년 4월 23일 제2016-000007
주   소 | 경기도 수원시 장안구 팔달로237번길 37, 303(영화동)
대표전화 | 02) 323-4421
팩   스 | 02) 323-7753
전자우편 | kjs9653@hotmail.com

Copyright©정수진·오정환 2024

값 17,000원
ISBN 978-89-97763-62-7(43320)

청소년을 위한

리더십 수업

정수진·오정환 지음

벗나래

감사의 글

책 출간의 등불이 되어
주신 여러분께

2023년 가을 독서 모임을 시작으로 글을 쓰기 시작했다. 매일 아침 6시 반부터 7시까지 줌을 켜고 함께 책을 읽었다. 한 달에 한 번 만나 인상 깊은 부분을 공유하고 토론했다. 지친 삶에 생기가 돌기 시작했고, 유익한 대화는 마음가짐을 긍정적으로 바꾸었다. 평소 책을 좋아하지만, 사유하면서 읽지 않고 글로 표현하지 않던 내가 조금씩 변화하기 시작했다.

그동안 '매일매일 삶이 왜 이렇게 힘들까?'라고 생각하며 스스로 인생을 어두운 그림자 속에 가둬놓았다. 시련을 겪는 청소년들 사연을 듣고 이기적인 어른을 탓하고 세상을 원망하며 살았다. 그런데 독서와 글쓰기를 좋아하는 사람들은 내 삶을 다른 눈으로 바라보았다. 오히려 글쓰기 좋은 삶을 살았다며, 모든 게 글쓰기 소재라며, 새로운 꿈을 만들어 주었다.

이후 모든 시련에는 배울 점이 있다는 사실을 마음에 새기고 책을 읽었다. 죽어 있던 블로그에 글을 쓰기 시작했다. 매일 하나씩 썼다. 글의 메시지나 완성도 따위는 안중에 없었다. 당시에 쓴 블로그 글을 다시 읽으면 창피하지만, 괜찮다. 그때는 그게 최선이었으니까.

가진 능력보다 열정이 많아 고작 5개월 책을 읽고 글을 썼으면서 내 책을 쓰겠다는 꿈을 꾸었다. 세상의 온갖 먹물 같은 어둠을 하얀 눈이 덮어버린 날, 선물처럼 오정환 작가님을 만났다. 《교양인을 위한 고전 리더십》에서 강조하는 인(忍)_참고 견디며 때를 기다리는 능력, 인(認)_세상을 만들어가는 지혜, 인(人)_사람을 얻고 활용하는 능력이 흔들리며 피는 꽃과 같이 성장하는 청소년에게 꼭 필요한 가치라고 생각했다. 역사 속 위인들에게서 찾아낸 세 가지 능력을 청소년들에게 소개하고 싶었다. 지치고 힘든 아이들에게 길잡이가 되어주고 싶었다. 이 책을 쓴 이유다.

이 책이 만들어지기까지 감사할 분들이 참 많다.

먼저 지난한 과정을 앞에서 이끌어주시며 꿈을 현실로 만들어 주신 오정환 작가님께 진심으로 감사드린다. 작가님은 낱개로 흩어져 있는 구슬 같은 경험을 꿰어 책으로 만들어 주셨다. 힘들어하면 수원에서 시흥까지 한걸음에 달려와 국수 한 그릇 사주시며 괜찮다며 위로해주시고, 할 수 있다고 용기를 주고 가셨다. 오정환 작가님이 아니었다면 이 책은 세상에 나오지 못했을 것이다.

아이들을 지도할 때 진심으로 공감해주시고 조언해주시는 장곡중학교 이경숙 교장 선생님께도 감사드린다. 아울러 현장에서 필자와 함께 아이들을 위해 고군분투하시는 김진아 부장님께도 감사드린다. 덕분에 힘을 낼 수 있었다.

아이들을 가르치며 동고동락한 한정우 교감 선생님, 오태영 부장님, 김경석 선생님, 김아름 선생님, 임지호 선생님, 이승빈 선생님, 이성민 선생님, 이보영 선생님, 설경희 선생님, 문평안 선생님, 홍명근 선생님께도 감사드린다. 지칠 때면 선생님들의 응원이 큰 힘이 되어 주셨다.

김형희 작가께도 고마운 마음이 크다. 삶이 힘들고 지쳐 있을 때 독서모임에 초대하여 책 읽는 기쁨과 글 쓰는 즐거움을 일깨워 주셨다. 독서모임을 함께 한 정주영 님, 손미화 님, 정경숙 님, 주미령 님, 황영진 님께도 감사하다. 여러분 덕분에 생각의 폭을 넓히고 세상을 긍정적으로 보게 되었다.

출간 소식에 '정 작가님'이 됐다고 진심으로 축하해준 조성아, 유윤희, 유경진, 곽승종, 양주형, 한연주, 이선정, 이유정, 노혜연, 신동훈, 변상훈, 이미영, 조진영, 정혜은, 이귀이, 여러분 모두 감사하다. 응원 덕분에 힘을 얻어 책을 완성하게 되었다.

끝으로 내가 무슨 일을 하든 믿고 지지해주시고, 책과 글을 좋아하도록 DNA를 물려주신 부모님께 감사드린다. 덕분에 이렇게 책을 내게 되었다. 책 쓰기에 집중한 나머지 겨울방학 중 출근도 하지 않았는

데, 빨래를 못해 아침에 씻고 나오면 수건이 없고, 싱크대에는 설거짓
거리가 쌓인 날이 많았다. 그때마다 알아서 밥을 차려 먹으며 글 쓰는
아내를 지지해준 남편과 두 딸에게 진심으로 미안하고 감사하다는 말
을 전한다.

현재 학교는 가정불화, 학업문제, 진로문제, 교우관계 등 문제로 힘
들어하는 학생이 너무 많다. 청소년들의 마음이 잿빛으로 물들어가고
있다. 모쪼록 이 책이 청소년들에게 길을 안내하는 등대가 되길 간절
히 바란다.

공동 저자 정수진

도대체 리더들은
어떤 능력이 있을까?

어떻게 사는 게 성공한 삶일까? 행복한 삶은 무엇일까? 돈과 명예를 얻고 권력이 있다면 성공한 삶일까? 행복한 삶일까? 이런 의문이 자연스레 역사서를 뒤적이게 했다. 역사는 연출 없는 거대한 연극이다. 수많은 등장인물이 생몰을 하는 현장이다.

남이 짜준 각본대로 사는 사람도 있고, 스스로 각본을 짜서 사는 사람도 있다. 우리는 어떤 삶을 살아야 할까? 생각 없이 시키는 일만 하며 살 것인가? 스스로 주도하며 살 것인가? '해야만 하는 일'을 하며 살 것인가? '하고 싶은 일'을 하며 살 것인가?

모든 연극에는 주인공이 있고, 조연이 있고, 단역이 있다. 단역으로 연극을 시작했지만, 성장하여 주인공 자리를 꿰차는 배우들도 있다. 이름을 알린 배우들은 이름 석 자를 또렷이 남긴다. 반면 단역으로 출발하여 단역만 전전하다 이름도 없이 사라지는 배우도 많다. 왜 이런 현상이 생길까? 우리는 《사기》를 읽고 춘추전국시대를 공부하며 질문했다. 도대체 뭐가 다른가?

이름을 남기는 것이 뭐 그리 중요하냐고 반문하는 사람도 있을 것이다. 중요하지 않을 수도 있다. 그러나 이것은 주인공이 되느냐 단역을 전전하느냐의 문제가 아니라 세상에 와서 얼마나 공헌했느냐 못했느냐 하는 문제다. 어느 자리에 있었는지보다 무슨 일을 했는지, 내가 태어나기 전보다 조금이라도 살기 좋은 곳으로 만들어 놓고 떠나는지, 단 한 사람에게라도 도움을 주는 삶을 살았는지 같은 문제다. 즉, 의미 있는 삶을 살았느냐 못 살았느냐의 문제다. 이왕이면 주인공으로 살아야 하지 않겠는가. 이왕 사는 것 의미 있게 살아야 하지 않겠는가.

역사 속에서 주인공으로 살다 간 사람들은 사실 주인공이 될 수밖에 없는 이유가 있었다. 우리는 역사의 주인공들에게서 다음 세 가지 능력을 발견했다.

우리가 발견한 첫 번째 능력은 인내력이다. 참고 견디며 기다리는 능력이다. 목표를 향한 간절함이 있어야 기다릴 수 있다. 간절한 사람은 무작정 기다리지 않고 미래를 준비한다. 그렇다고 모든 계획과 준비가 생각한 대로 착착 진행하는 것은 아니다. 잘못도 있고 실수도 있다. 그래서 자신을 되돌아보는 반성도 필요하다. 때때로 멸시와 무시를 당하기도 한다. 회복 불가능한 절망 속으로 빠질 수도 있다. 감당할 수 없을 만큼 힘든 상황, 너무 힘들어서 한 발짝도 더 나가기 힘든 상황, 그래서 모든 것을 포기하고 싶은 유혹이 있을 때, 견디는 능력이 인내력이다. 사람마다 고난의 정도와 모양이 다르고, 이루고자 하는 목표도 다르다. 인내력 있는 사람은 결국 꿈을 이룬다.

우리가 발견한 두 번째 능력은 예지력이다. 사물의 이치를 꿰뚫어 보는 능력이다. 참고 견디기만 한다고 리더가 되는 것은 아니다. 전략을 세우고 세상을 읽는 통찰력이 있어야 한다. 여기에는 직관과 분석 능력이 필수다. 세상을 읽고 앞일을 미루어 짐작하는 능력이 없다면 하는 일마다 주먹구구가 되기 쉽다. 오판하여 무리수를 두게 된다. 또는 지나친 믿음과 낙관으로 일을 그르치기도 한다.

훌륭한 리더는 새로운 것을 받아들여 개혁하고 남들이 미처 생각하지 못한 틈을 찾아내고 그것을 유리하게 활용하는 능력을 갖췄다. 세상을 읽어내는 능력은 저절로 얻을 수 없다. 경험과 학습과 고뇌가 뒤섞여 화학작용이 일어나야 한다. 리더가 분석과 통찰에 기반을 둔 전략을 수립하고, 전략을 수행할 혁신적이고 창의적인 대안을 마련하면 조직은 성장한다.

우리가 발견한 세 번째 능력은 관계력이다. 타인과 공감하며 소통하는 능력이다. 이 세상에 혼자서 할 수 있는 일은 많지 않다. 다른 사람과 협력도 하고, 다른 사람을 활용도 하며 자신의 길을 가는 것이다. 그러기 위해서는 구성원과 소통하고, 그들이 원하는 것을 채워주며, 마음껏 일할 수 있도록 하는 동기부여 능력이 필요하다. 신뢰 형성은 기본이다. 신뢰를 잃으면 타인과 소통하지 못한다. 지적 능력보다 타인을 이해하고 타인과 공감할 줄 아는 감성지능이 미래에는 필요하다.

어떤가? 여러분은 세 가지 능력을 갖췄는가? 없으면 어떤가? 청소년기는 능력을 준비하는 기간이다. 청소년기를 어떻게 보내느냐에 따라 능력을 겸비할 수도 있고, 그렇지 못할 수도 있다. 이 책은 지금부터 청소년들이 세 가지 능력을 갖추고, 리더로 성장하도록 길을 안내할 것이다.

이 책은 공동 저자 오정환이 펴낸 《춘추전국시대에서 찾아낸 교양인을 위한 고전 리더십》을 청소년용으로 다시 쓴 책이다. 청소년용으로 개정하는 과정에서 다소 어려운 용어는 순화하였고, 역사보다는 청소년 사례를 많이 포함했다. 아무쪼록 청소년들이 이 책을 읽고 리더로 성장하는 데 도움이 되기를 바라는 마음이다.

공동 저자 정수진·오정환

Contents

① 인내력 - 참고 견디며 기다리는 능력

② 예지력 - 이치를 꿰뚫어 보는 능력

③ 관계력 – 타인과 공감하며 소통하는 능력

인내력

참고 견디며 기다리는 능력

①
간절함과 절박함은
원동력이 된다

내 삶에 무기가 되는 견디는 힘

아이들을 상담하다 보면 뜻밖의 얘기에 가슴이 저미곤 한다. 살다 보면 물론 원치 않은 일도 일어난다. 특히 청소년기 아이들이 전혀 예상치 못한 일에 노출될 때가 있는데, 그것을 보노라면 정말 안타깝다. 그들보다 오래 산 어른이지만 차마 입이 떨어지지 않는 일도 있다. 대표적인 경우가 바로 지영이 사례였다.

지영이는 초등학교 5학년 때 남학생 8명에게 집단 성폭행을 당했다. 직접 성행위를 한 학생 두 명, 성추행만 한 학생 두 명, 나머지 네 명은 주위를 살폈다. 평일 저녁 집 근처 공터에서 벌어졌다. 슈퍼 다녀오는 길에 지영이가 겪은 일은 상상도 하기 싫을 만큼 끔찍했다.

지영이의 상처는 거기서 끝나지 않았다. 딸이 성폭행 피해자라면 우리가 생각하는 보통의 부모는 합의를 거부할 것이다. 합의금이고 뭐고 가해자가 받을 수 있는 법정 최고형을 원할 것이다. 분노한 부모가 가해자에게 폭력을 가하더라도 그 심정을 어느 정도 이해할 수 있다. 그러나 지영이의 부모는 달랐다. 친부는 가해자 여덟 명과 합의를 시도했다.

"두 명은 직접 폭행을 가했으니까 200만 원."

"두 명은 추행이니까 100만 원."

"네 명은 주변을 살핀 것뿐이니까 50만 원."

가해자들은 형편이 어려우니 합의금을 줄여달라고 애원했다. 친부는 안 된다고 거절했다. 합의금을 흥정하는 사이 가해자 부모들은 딸을 팔아 돈을 벌려고 한다며 뒷말을 해댔다. 그로 인해 지영이는 상처가 더욱 커졌다. 결국 친부는 원하는 금액으로 가해자들과 합의했다. 합의금은 새엄마 통장으로 들어갔다.

그 후 친부와 새엄마는 크게 싸웠다. 합의금으로 받은 돈 전부를 새엄마가 다른 곳에 써버렸기 때문이다. 어디에 썼는지는 모른다. 새엄마 자녀들이 썼을 거라는 추정만 할 뿐이다. 그러나 지영이는 괜찮다고 했다. 친부와 새엄마는 돈이 있으면 항상 싸우는데, 돈이 없으면 싸우지 않으니 차라리 행복하다며 한숨을 쉬었다.

지영이는 겪은 일을 담임교사에게 담담하게 이야기했다. 이야기를 들은 담임교사는 눈이 붉어졌다. 주체할 수 없을 만큼 눈물을 흘렸다. 열일곱 어린 소녀의 삶이 너무나도 가슴 저렸기 때문이다.

지영이는 열아홉 살이 되기를 간절히 원했다. 가정에서 독립해 멋진 의상 디자이너가 되어 패션쇼를 여는 자신을 상상하며 묵묵히 참고 버텼다. 자신이 겪은 일은 자신의 책임이 아니라고 생각했다. 앞으로 살아갈 삶에 장애가 된다고도 생각지 않았다. 지영이는 고등학교 졸업 후 절박한 마음으로 일을 하고 돈을 모아 유럽행 편도 항공권과 약간의 여비만 들고 유학을 떠났다. 그리고 5년 후 귀국했을 때는 자신이 희망하는 분야에서 전문가가 되어 있었다.

지영이의 이야기는 미국 오프라 윈프리의 이야기와 매우 흡사하다. 오프라 윈프리는 겨우 9살 때 삼촌에게 성폭행을 당했다. 그 후 친척과 주변 사람에게도 성폭행을 당해 14살에 아이를 낳았다. 마약을 하기도 하고, 비만으로 고통을 받기도 했다. 그런데 지금은 어떤가? 미국에서 존경받고 성공한 여성의 대명사가 되었다. 어떻게 가능했을까?

오프라 윈프리에게는 위기에도 쓰러지지 않는 긍정적인 자세가 있었다. '사생아다', '가난하다', '뚱뚱하다', '미혼모다'와 같은 부정적인 말을 들었지만, 그때마다 '그래서?', '그게 뭐 어쨌다고?', '성폭행당한 일이 내 책임은 아니지 않은가?', '미혼모라고 해서 내가 능력이 부족하지도 않아. 도대체 그런 일이 내가 살아가는 데 무슨 장애가 된다는 말인가?'라고 긍정적으로 생각했다.

간절함과 절박함이 길을 만든다

아이들의 생활환경이나 가정 형편은 저마다 제각각이다. 옛날에는 가정방문을 통해 어느 정도 가늠할 수 있었지만, 지금은 상담을 통해서나 겨우 그것을 확인할 수가 있다. 그것도 형편이 좋지 않은 경우에 말이다. 하지만 어려운 형편을 이겨내는 아이들을 보고 있노라면 뿌듯함과 자랑스러움을 느끼게 된다. 바로 이 사례에 등장하는 현수가 그렇다.

현수가 7살 때 아버지는 사업을 하다 부도가 났다. 아버지의 사업 실패 후 가정 형편은 매우 어려워졌다. 현수가 아플 때도 병원에 데려가지 못할 정도였다. 매일 빚 독촉을 하는 사람들 때문에 편히 살 수가 없었다. 현수는 일곱 살 때부터 1년 동안이나 가족과 함께 아버지의 용달차를 타고 도망 다녔다. 여덟 살이 되었지만 초등학교에 입학도 하지 못했다. 개나리꽃이 피고, 친구들이 운동장에서 뛰어놀 때 현수는 함께 하지 못했다. 아버지 용달차 속에서 친구들이 노는 모습을 보면 부러웠다.

아홉 살이 돼서야 초등학교에 입학한 현수는 친구들에게 나이를 말하지 않았다. 한 살 어린 동생들과 친구가 되었다. 함께 장난치며 놀고, 웃고 떠들며 학교 다니는 일이 현수에게는 큰 즐거움이었다.

중학생이 되었다. 함께 어울리는 친구들과 장난이 심해져 짝꿍의 지우개를 몰래 가져가 주지 않았다. 지우개는 필통으로, 필통은 지갑으로 점점 커졌다. 시끌벅적 매일 장난치고 해맑게 웃으며 방황하는 중학교 생활을 보내다가 어느 날 자신을 안타까운 눈빛으로 바라보는 같은 반 여자 친구의 얼굴을 보았다. 현수가 마음에 둔 여학생이었다. 긴 생머리에 초롱초롱한 눈망울을 지닌 여학생의 눈빛은 '오늘도 장난으로 네 인생의 소중한 시간을 소비하는구나!'라고 말하는 것 같았다. 대놓고 면박은 하지 않았지만 무시하는 듯한 표정이 현수의 가슴을 찔렀다. 말로 하는 비아냥거림보다 현수에게 더 큰 수치심으로 다가왔다.

'그래! 요즘은 검정고시로도 학력 인정을 받을 수 있는데, 이렇게 의미 없이 등하교만 해서 받는 졸업장이 무슨 의미가 있나?'라는 생각이 들자 현수는 자신의 삶에 다음과 같은 물음표를 던졌다.

- 의미 있는 삶이란 무엇일까?
- 이 길이 옳은 길인가?
- 나는 어떤 사람이 될까?

현수는 아버지처럼 사업에 실패하여 도망 다니는 것이 끔찍할 만큼 싫었다. 돈을 많이 벌어서 주변 사람들에게 무시당하지 않고, 가족들과 행복하게 살고 싶다는 꿈이 생겼다.

- 돈을 많이 벌려면 무엇을 해야 할까?

• 지금 내가 할 수 있는 일은 무엇인가?

끊임없이 질문했다. 답을 찾기 위해 책을 읽고, 공부하기 시작했다. '경영학과 진학'이라는 목표가 생겼다. 아버지처럼 은행에서 대책 없이 돈을 빌리고, 무리하게 사업을 하지 않기로 굳게 다짐하며 악착같이 공부했다. 그동안 공부를 하지 않아 쉽게 성적이 오르지 않았다. 포기하지 않고 하루에 5시간씩 꾸준히 공부했다. 중학교 2학년 때 30명 중 17등이던 성적이 중학교 3학년 때에는 7등으로 올랐다. 고등학교 1학년 영어 성적은 4등급이었다. 중학교 때 벌어진 영어 성적을 올리기는 쉽지 않았다.

하루에 영어 단어를 200개씩 외우고, 시험 기간에는 새벽 3시까지 공부했다. 그 결과, 고등학교 2학년 때에는 영어가 1등급으로 향상되었다. 최선을 다해 노력하는 자세가 친구들과 학교 선생님들께 인정받아 고등학교 2학년 때에는 전교 학생회장에 출마해 당선되었다. 이후 자신처럼 방황하던 친구들이 함께 어울려 모두 성장할 수 있는 교내 체육행사와 학업 프로그램을 기획했고, 결과는 대성공이었다.

유년 시절의 아픔과 중학교 시기의 방황을 이겨내고 현수는 학생 생활우수자 전형으로 서울에 있는 명문 대학교 경영학과에 당당히 합격했다. 이후 현수는 커피 회사에 취업하여 실무를 익혔고, 커피를 유통하는 사업을 시작하여 30대에 멋진 사업가가 되었다.

달구질을 오래 하면 터가 단단해진다. 청소년기에 위기가 찾아온다면 삶을 달구질할 기회를 만난 것이다. 세찬 바람과 함께 쏟아지는 비에도 무너지지 않을 터를 만들어야 한다. 그래야 어떤 시련도 너끈하게 견뎌낼 수 있다. 절망과 좌절을 딛고 일어서야 진짜 리더다.

②
결핍과 걱정이 없으면
성공도 없다

간절하고 절박한 꿈

서우 가족은 매우 화목하다. 서우는 성격이 밝고 상냥하며 매사에 긍정적이어서 친구가 많다. 아버지는 자상하고, 어머니 역시 좋은 분이다. 항상 백화점에서 구매한 예쁜 옷을 입고 다니며, 원하는 물건은 부모님이 대부분 사준다. 통장에는 용돈이 항상 20~30만 원 정도 있어서 필요한 물건은 언제든지 살 수 있다. 매년 여름마다 가족끼리 해외여행도 다닌다.

그런데 중학교 3학년이 된 서우는 요즘 들어 기분이 몹시 나쁘다. 왜 화가 나는지, 무엇 때문에 기분이 나쁜지 아무리 생각을 해봐도 이유가 없다. 그냥 기분이 좋지 않다. 겉으로는 부족함이 없는데 무기력하다. 열심히 공부하는 친구들 사이에서 외톨이처럼 군다. 서우는 무언가 간절하고 절박하게 하고 싶은 목표가 없다. 이미 많은 것을 가졌기 때문일까. 무력하게 하루하루를 흘려보낸다.

앞에서 소개한 지영이, 오프라 윈프리, 현수는 상황은 달라도 공통점이 있다. 간절하고 절박했다. 간절함과 절박함의 바탕에는 불안감이 있다. 불안감은 강한 동기를 부여하는 긍정적인 면이 있다. 앞에서 등장했던 지영이는 무엇이 간절하고 절박했을까?

지영이는 가난했다. 가난한 가정에서 벗어나고 싶은 욕망이 간절했다. 그래서 성공이 꼭 필요했다. 오프라 윈프리 역시 자신이 처한 상황에서 벗어나고 싶은 마음이 간절했다. 여러분이 이런 상황이라면 세상의 부조리와 자신의 박복함을 한탄하며 포기하겠는가. 아니면 이 순간을 벗어나 다음 기회를 엿보겠는가.

삶은 험난한 파도가 끝없이 출렁거리는 바다와 같다. 어려운 문제와 역경이 밀물처럼 밀려왔다가 썰물처럼 빠져나가고, 아무리 답을 찾으려 애써도 어려움이 해결되지 않을 때가 많다. 이때 머릿속 생각들은 스파게티 덩어리처럼 엉켜 머리를 더욱 아프게 할 뿐이다. 역사의 주인공들은 이처럼 어려운 순간에도 결코 포기하지 않았다. 이들은 쉽게 포기하지도 않았을 뿐더러 '이만하면 됐지' 하고 타협하지도 않았다. 자신의 꿈을 이루기 위해 간절하고 절박하게 매달렸다.

결핍을 열정으로
심리학자 줄리 K 노럼은 자신의 책《걱정 많은 사람이 잘되는 이유》에서 비관적 사고방식의 긍정적인 효과를 다루었다. 그는 걱정 많은 사람들을 '방어적 비관주의자'라 칭했다. 그들은 대개 최악의 상황을 상정하고 불안감을 느끼면서 잘못될 가능성이 있는 모든 상황을 상상한다. 그들은 이 불안감에서 동기를 부여받는다. 일단 최악의 경우를 상정하고 나면 그들은 그런 상황을 피하고자 하는 동기가 생기고, 실패하지 않도록 모든 구체적인 사항을 치밀하게 준비하면서 자신이 상황을 장악했다는 자신감을 얻는다. 그들의 자신감은 앞으로 겪게 될 어려움을 대하는 무지나 환상에서 나오지 않는다. 현실적인 평가와 철두철미한 계획에서 나온다.

그렇다고 일부러 좋지 않은 상황을 원하는 사람이 있을까? 그렇지 않을 것이다. 원치 않지만 상황이 사람을 절박함으로 몰고 갈 때가 많다. 결핍이 그렇다. 자신의 의지와 상관없이 주변 환경이 원인이 되어 결핍 상황으로 내몰린다. 그런데 주인공들은 스스로 결핍을 만들어내기도 한다. 이게 무슨 말일까?

현재 자신의 모습과 자신이 바라는 모습이 일치하지 않으면, 사람들은 자신이 바라는 모습대로 되려고 하는 동기가 생긴다. 예를 들어 어떤 학생이 명문 대학에 들어가고 싶은데 지금 실력으로 입학하기가 어렵다면, 더 열심히 공부하려는 동기가 생길 것이다. 이런 현상을 심리학자들은 '불일치'라고 한다. '불일치'는 현재의 자신과 희망하는 자신 사이에 차이가 있는 상태를 말한다.

'불일치'에는 '불일치 감소'와 '불일치 창조' 두 종류가 있다. '불일치 감소'가 동기를 발생하는 이유는 이렇다. 어떤 학생이 평균 90점을 목표로 공부했는데 평균 85점을 맞았다면, 현재 점수와 희망하는 점수 사이에 5점이라는 불일치가 생긴 것이다. 그러면 이 학생은 5점이라는 불일치를 좁히기 위해 다음번 시험에서는 더욱 노력하려는 동기가 생기고, 공부에 더욱 매진할 것이다.

'불일치 창조'는 이런 것이다. 시골 학교에서 전교 1등 하는 학생에게 동기부여가 되지 않는 이유는 더 이상 성취할 목표가 없기 때문이다. 이런 학생은 서울이나 대도시 학교로 전학시켜 경쟁자를 만들어줘야 한다. 자신보다 실력 있는 학생들이 모인 곳으로 가면 더 이상 전교 1등은 못할 수 있다. 새로운 불일치를 만든 것이다. 즉, '불일치 창조'는 불일치를 새롭게 만들어 동기를 부여하는 방법이다.

이렇게 '불일치' 같은 결핍이 있어야 간절함이 생긴다. 어려움에 부딪쳐 절박감을 느껴야 새로운 해결책을 찾아낸다. 정상적인 상황에서는 도저히 생각할 수 없는 아이디어를 생각해 내고 할 수 없는 일을 가능하게 만들어 낸다. 다른 선택의 여지가 없을 만큼 절박해야 필사적이 된다. 지영이의 결핍과 간절함을 기억하는가? 상처는 끔찍하고 슬픈 일이었지만, 지영이가 가정에서 독립하고 성공해야만 하는 강력한 동기가 되었다.

민정이는 그림 그리기를 좋아하며, 심성이 착하고 감수성이 섬세한 학생이었다. 특히 친구들의 아픔을 공감하는 능력이 뛰어났다. 초등학교 3학년 때 아버지가 교통사고로 돌아가시고, 엄마는 위암 2기였다. 위를 70퍼센트나 잘라냈다. 외동딸인 민정이는 서로 의지하며 슬픔을 함께 버틸 가족이 없었다. 백옥같이 하얀 피부에 연분홍색 입술을 가진 꽃같이 예쁜 민정이는 아버지가 그립고 아파하는 어머니를 지켜보며 힘든 날들을 그림을 그리며 묵묵히 버텼다. 외로움과 슬픔이 더해질수록 민정이의 그림은 깊어졌다. 고교생이 그린 그림이라고는 믿지 못할 만큼 섬세해졌다. 민정이가 칠한 차분하고 쓸쓸한 색채에서는 말하지 않아도 가슴이 먹먹해지는 슬픔이 느껴졌다.

민정이와 지영이는 서로 아픔을 공유하는 단짝 친구였다. 두 학생 모두 누구에게도 쉽게 말하지 못하는 아픈 상처를 공유하고 서로 의지하며 고등학교 3년을 버텼다. 민정이와 지영이에게 역경과 고난은 성공을 돕는 최고의 코치였다.

우리가 아는 위대한 리더들은 결핍을 열정으로 바꿔버렸다. 그렇다고 일부러 결핍을 자초할 필요는 없다. 어쩔 수 없이 고난의 수렁에 빠졌을 때, 정신까지 수렁에 빠뜨리지 말라는 것이다. 어쩌면 그것이 위대함으로 가는 시작이 될지 누가 알겠는가? 이런 절박감이 성공을 향한 동기를 강하게 만들 수 있다.

심리학자 마빈 아이젠슈타트는 위대한 혁신가, 예술가, 기업가를 인터뷰하며 아주 중요한 사실을 발견했다.[1] 놀랄 만큼 많은 사람이 어린 시절 부모를 여의었다. 그가 걸출한 리더 573명을 조사한 결과, 4분의 1이 열 살이 되기 전에 적어도 부모 중 한 명을 잃었다. 34.5퍼센트는 열다섯이 될 때까지, 45퍼센트는 스무 살이 될 때까지 적어도 부모 한 명이 죽었다. 질병과 사고와 전쟁으로 기대수명이 오늘날보다 훨씬 낮았던 20세기 이전에도 그것은 놀라운 수치였다.

　꿈이 있는 사람에게만 그것을 달성하지 못할 것 같은 불안감과 실패하면 안 된다는 절박함이 있다. 멸시당하지 않으려는 욕구, 다른 사람보다 뒤처질지 모른다는 불안, 아직 부족하다는 결핍, 아직은 완전하지 않다는 초조감 같은 것들이 성공의 지렛대 역할을 하는 것이다. 현재 가진 것을 잃을지 모른다는 불안감은 절박함으로 바뀌고, 사람에게 행동 변화를 유도하거나 위험을 무릅쓰도록 만든다.

③

편할 것인가,
변할 것인가?

끈기로 버티는 정신

'참고 견뎌라', '고진감래', '인내는 쓰고 열매는 달다' 같은 격언은
하도 많이 들어서 별 감동이 없을 것이다. 다 아는 이야기라 너무 진부
한 주제일 수 있다. 그런데 우리가 많이 들었다는 사실은 그만큼 중요
하다는 뜻이 아닐까? 너무 흔하게 듣다 보니 마치 공기나 물처럼 소중
함을 잊고 사는 것은 아닐까? 감동이 없다고 가치가 없는 걸까? 그렇
지 않다.

역사에서 훌륭한 업적을 남긴 리더들을 보면 그 자리에 쉽게 오른
사람이 하나도 없다. 물론 좋은 집안에서 태어나 쉽게 자리를 물려받
은 사람들도 있기는 하다. 하지만 그들도 수많은 경쟁자를 제치고, 그
자리를 유지하기 위해 노력했다. 자리만 높다고 리더가 되지는 않았
다. 역사는 '어떤 일을 했느냐'로 기억한다. 이런 의미에서 본다면 적

어도 사서에 이름을 올리려면 참고 견디며 준비하는 시간을 보내야 했다. 《설원(說苑)》에 나오는 이야기를 보자.

양구거가 안자(晏子)에게 말하였다.

"저는 죽어도 선생님께 미치지 못할 것 같습니다"

그러자 안자가 이렇게 말하였다.

"내가 들으니 일을 하는 자는 언제나 성공했고, 걷는 자는 틀림없이 도착한다고 합니다. 나는 보통 사람과 다른 것이 아무것도 없습니다. 다만 언제나 일하되 포기하지 않았고, 항상 걷되 쉬지 않았을 뿐입니다. 그것 때문에 다른 사람이 나를 넘어서지 못하는 겁니다!"

안자는 자신이 언제나 일하되 포기하지 않았고, 항상 걷되 쉬지 않았을 뿐이며, 그것 때문에 나를 넘어서지 못한다고 말하고 있다. 이렇게 말한 안자는 얼마나 훌륭한 사람일까? 여기서 안자는 안영을 말한다. 키가 작고 생김새도 볼품없었으나 총명하고 뛰어난 말솜씨는 상대할 사람이 없었다. 안영에게는 지혜에 얽힌 이야기가 많은데, 한 가지만 들어도 무릎을 치게 된다.

안영은 외국에 사신으로 갈 때는 당당하게 처신했다. 초나라에 사신으로 간 적이 있는데, 초나라 사람들이 몸이 작고 볼품없는 것을 보고는 무시하며 대문 옆의 개구멍으로 들어오도록 했다. 안영은 이를 거절하면서 말했다.

"내가 만약 개 나라의 사신이었다면 마땅히 개구멍으로 들어가야 하나, 나는 초나라의 사신으로 왔기 때문에 이 문으로 들어갈 수 없다."

곁에서 접대하는 관원이 그 말을 듣고 대문으로 인도했다.

초나라 왕을 만났을 때 왕이 물었다.

"어찌 볼품없는 사람이 우리나라에 사신으로 왔소?"

이때 안영의 대답이 걸작이다.

"제나라에서 사신을 파견할 때는 모두 각 나라의 수준에 맞게 보냅니다. 훌륭한 나라에 사신을 보낼 때는 훌륭한 인사를 보내고, 그렇지 못한 나라에는 그만한 인물을 보냅니다. 저는 훌륭하지 못한 편이라서 사신으로 뽑혀 왔습니다."

이에 무안해진 초나라 왕은 그를 정중히 접대했다.

이런 안영이다. 지혜롭지 않은가. 이런 사람이 포기하지 않고 쉬지 말라고 하는데 믿어봐야 하지 않을까.

영월이라는 사람은 가난한 시골 출신이다. 농사가 너무 힘들어 친구에게 이렇게 말하였다.

"어떻게 하면 이런 고통을 면할 수 있겠나?"

이에 친구는 이렇게 일러 주었다.

"공부하는 것 외에 다른 방법이 없네. 20년을 기약하고 공부하면 무언가 이루겠지!"

그러자 영월이 자신감을 보였다.

"좋다. 나는 15년을 기약하고 남이 쉴 때 쉬지 않으며, 남이 잠잘 때 일어나 해보겠네!"

결국 그는 13년을 공부하여 임금이 스승으로 삼을 정도의 자리에 올랐다.

무릇 뛰는 자는 빠르다고 하나 2리를 못가 그치고, 걷는 자는 느리다고 하나 1백 리를 가서야 쉰다고 했다. 재주가 많은 영월 같은 사람도 '15년을 기약하고 남이 쉴 때 쉬지 않으며, 남이 잠잘 때 일어나 해보겠다'는 결심을 실천한 끝에 임금의 스승이 되었다. 물론 이것은 쉬운 일이 아니다. 우리 인간은 기본적으로 편하고 싶은 본능을 가지고 있기 때문이다. 앉으면 눕고 싶다는 말이 있지 않은가.

꽃이 될 것인가? 똥이 될 것인가?

한자 편할 편(便)자는 변소나 대변, 소변에서는 변으로도 읽는다. '왜 그럴까?' 하고 생각해보았다. 정확한 이유는 따로 있겠지만 필자는 이렇게 생각했다. 사람이 인생을 너무 편하게 자기 마음대로 살면 나중에 똥 같은 존재가 된다는 뜻 아닐까. 10대에 인생을 편하게 살면

20대에 똥이 된다. 20대에 인생을 편하게 살면 30대에 똥 같은 존재가 된다. 평생을 편하게만 살면 나이 먹어도 똥처럼 가치 없는 존재가 된다.

똥도 귀하다는 사람이 있을 것이다. 맞다. 거름과 같은 역할도 나름대로 소중하다. 거름이 있어야 아름다운 꽃도 피울 수 있다. 하지만 똥이 되고 싶은 사람이 있을까? 100명이면 100명 다 꽃이 되고 싶지 똥이 되고 싶은 사람은 없을 것이다. 내가 꽃 같은 존재가 되어 거름과 같은 역할을 할 때 그것이 보람 있고, 가치 있고, 뜻있는 일이다. 인생을 엉망으로 살아 결국 똥 같은 존재밖에 안 되어, 어쩔 수 없이 하는 거름 역할이 무슨 의미가 있겠는가. 진짜 똥은 거름 역할이라도 하시만, 인간이 똥이 되면 그 역할을 할 수 있을까? 쓸모없는 쓰레기만 될 뿐이다.

인간은 꽃과 같은 존재가 되어야 거름 역할도 가능하다. 그래서 우리는 변해야 한다. 변할 변(變) 자 위에 있는 글자(䜌)는 실이나 말이 헝클어지듯이 사물이 뒤섞여 있는 모양을 뜻한다. 아래 글자(攵)는 '회초리로 치다'라는 뜻이다. 실이 엉킨 것같이 엉망진창인 상태를 회초리로 때려 바로잡는 것, 이것이 변(變)이다. 즉, 변한다는 것은 회초리로 맞는 것과 같은 고통이 따른다는 뜻이다. 고통을 견디는 자와 포기하는 자는 가는 길이 다르고 결과도 다르다.

인생을 주인공처럼 살고 싶은가? 아니면 엑스트라처럼 살고 싶은가? 대부분은 주인공으로 살고 싶어 한다. 영화나 드라마를 보라. 엑스트라들은 일단 잘 죽는다. 심지어 칼에 살짝 스치기만 해도 죽는다. 안 맞은 것 같은데도 10미터는 날아가서 죽는다. 그러나 주인공은 절대 죽지 않는다. 총에 맞아도, 칼에 찔려도, 낭떠러지에서 떨어져도 살아난다. 분명 죽었다고 생각했는데 다음 회를 보면 멀쩡히 살아 있다.

이것은 무엇을 의미할까? 총에 맞는 고통, 칼에 찔리는 아픔, 낭떠러지에서 떨어지는 절망감을 모두 이겨내야 비로소 주인공이 된다는 뜻이다. 어려움이 닥치면 넘어져서 일어나지 못하고, 자존심 상한다고 포기하면 인생에서 결코 주인공이 될 수 없다.

4

자신감과 용기가
변화를 가져온다

변화가 필요한 순간

우리는 변화가 불가피한 시대에 살고 있다. 하지만 아무 때나 변할 수는 없다. 그렇다면 언제 변화해야 할까? 도저히 이대로는 안 되겠다고 느끼는 순간이 변화를 꾀할 시기다. 그 시기는 2가지로 나눌 수 있다.[2] 첫째는 부정적으로 변화의 시기가 찾아올 때다. 열심히 했는데 생각만큼 성적이 안 나오거나, 집안에 안 좋은 일이 닥쳤을 때와 같은 경우다. 대부분 이런 일이 닥치면 좌절하거나 두려움에 빠진다.

부정적 변화의 시기는 상황이 절박하여 변화의 동기가 충분하지만, 오히려 정신력을 약하게 할 수도 있다. 아무리 애써도 안 되는 상황이라고 절망할 수 있기 때문이다. 사방이 꽉 막혀 출구가 보이지 않는다면 어떻게 변화하고 무엇을 준비해야 하는지 길을 찾기 어렵다. 많은 사람이 이럴 때 자살로 생을 포기한다. 부정적 변화의 시기가 닥쳤을 때는 자신감을 회복하는 일이 먼저다. 이 문제는 뒤에서 다시 살펴볼 것이다.

둘째는 긍정적으로 변화의 시기가 찾아올 때다. 문제는 없지만 지루함과 회의를 느낄 때가 있다. '이 길이 아닌데', '이제는 내 인생을 살고 싶다', '내가 할 수 있는 새로운 일은 없을까?'와 같은 생각이 들 때다. 이때는 용기가 필요하다. 부정적 변화의 시기는 상황에 밀려 어쩔 수 없이 하는 것이지만, 긍정적 변화의 시기에는 결단이 필요하다. 한순간 많은 것을 잃을 수도 있다. 그래서 많은 사람이 '사는 게 다 그렇지 뭐' 하며 변화의 시기를 놓치고 만다. 과감한 도전이 필요한 이유다. 부정적 변화의 시기든 긍정적 변화의 시기든 중요한 것은 그 기회에 적절히 대응하는 것이다. 바꿔야 할 때 바꾸지 못하면 인생이 아름답지 못하다.

부정적 변화의 시기, 즉 부정적인 일은 부정적인 생각을 몰고 온다. 이때 많은 사람이 자신감을 잃는다. 자신감 상실은 우울증이나 자해, 심하면 자살로 이어지기도 한다. 다음 신문 기사를 읽어보자.

대구의 중학생 신모(14) 군은 수년간 게임 중독을 앓았다. 자기 방에서 밤새 게임만 했다. 학교엔 늘 지각했고 친구들은 '게임 오타쿠(オタク, 마니아)'라고 놀렸다. 신 군은 자신을 '필요 없는 사람'이라고 자책했다. 작년 말 심각한 우울증 진단을 받고 대학병원 정신병동에 입원하려고 했더니 빈자리가 없어 이번 달에야 입원

할 수 있었다. 신의진 세브란스병원 소아청소년정신과 교수는 "과거 성인 조현병 환자들을 수용하던 세브란스 폐쇄 병동 30개가 최근은 1020 청소년들로 꽉 차 있다"며 "대부분 우울증이 심해져 자해·자살 시도를 한 아이들"이라고 말했다.

우울증·자해 등으로 정신과 마음이 아픈 1020 세대가 급증하고 있다. 국민건강보험공단에 따르면, 2017년 1020의 정신과 입원 환자는 13,303명으로 전체 환자의 14.6%였다. 그런데 2022년에는 16,819명(22.2%)으로 5년 만에 10%퍼센트 가까이 늘었다. 증가 속도가 가파르다는 것도 문제다. 국립중앙의료원 등에 따르면, 2021년 6월부터 2022년 6월까지 자해·자살 시도로 응급실에 온 43,268명 중 46%(19,972명)가 10~29세였다. 최근 5년간 전체 자해·자살 시도자가 11.7% 증가했는데, 같은 기간 10대와 20대는 각각 52.5%, 68.9% 급증했다. 이들이 자해·자살을 시도한 가장 큰 원인은 '정신과 문제(44.1%)'였다. 그런데도 부모들 중엔 정신과 치료에 대한 편견 등으로 "우리 애는 사춘기일 뿐 문제없다"는 반응을 보이는 경우가 적지 않다.

최근 우울증 환자도 10대와 20대에서 가장 빨리 증가하고 있다. 전문가들은 "우울증 등으로 인한 공격·충동 성향이 안으로 발현하면 자해, 밖으로 나타나면 범죄로 이어지는 경우가 많다"고 했다. 요즘 1020 사이엔 소셜 미디어를 통해 자기 신체 일부를 훼손한 사진, 일명 '자해 전시' 사진을 공유하는 경우가 많다고 한다. 환각 효과를 일으킨다고 소문난 특정 감기약을 다량 복용해 응급실에 실려 간 '약물 자해' 후기도 넘쳐난다.

-조선일보. 2024년 1월 30일-

자기 암시의 강력한 효과

자신감 상실은 청소년기를 파멸로 몰고 간다. 20세기 최고의 이론 물리학자 중 한 명으로 꼽히는 오펜하이머는 고통스러운 청소년기를 보냈다. 허약한 신체와 우울증으로 집에서 1년을 쉬고 간신히 대학에 입학했다. 한번은 자살 직전까지 간 적도 있었고, 친한 친구였던 프랜시스 파커슨을 목 졸라 죽이려고 한 적도 있었다. 그는 자신에게 고질적인 자살 충동이 있다고 밝히기도 했다. 그는 차를 몰거나 배를 타면 희한한 행동이나 위험한 짓을 했으며, 가끔 말도 안 되는 허풍으로 곤란한 상황에 부닥치기도 했다. 동년배들과 잘 어울리지도 못했으며, 그들에게 거만하고 독단적이라는 인상도 주었다.[3]

오펜하이머는 어떻게 이 상황에서 벗어났을까? 물리학에 심취하면서 불안한 미래를 걱정하는 마음과 우울한 개인 생활에서 벗어날 수 있었다. 물리학자로 인정받으며 오펜하이머는 놀라울 정도로 자신의 성격을 억제했고, 거침없이 드러냈던 오만하고 독단적인 기질도 자제하며 생활했다. 그는 결국 세련된 수완을 발휘해 과학연구팀의 명실상부한 리더가 되었다. 또한 직권을 남용하거나 남을 무시하는 행동을 하지 않았고, 기꺼이 책임과 부담을 함께 짊어지며 과학자

제1장 인내력·참고 견디며 기다리는 능력　039

들의 믿음직한 동료가 되었다.

　자신감이란 무엇일까? 자신의 능력을 믿는 것이다. 실패나 좌절로 나락에 떨어져 있지만, 어찌 됐든 자신에게 능력이 있다는 사실을 믿는 것이다. 오펜하이머는 자신이 좋아하는 물리학 공부를 하며 어려운 상황을 벗어났다.

　진정으로 자신감을 찾으려면 자신의 과거와 현재 모습에 자부심을 느껴야 한다. 자신을 깎아내리는 말이나 생각을 해서는 안 된다. '나는 못 해', '내 주제에'처럼 자기를 비하하는 말이나 '내 주제에 그게 가능하겠어?', '내가 뭘 하겠어?'와 같은 부정적인 생각은 얼마 남지 않은 자신감마저 깡그리 날려버린다.

　마음속에서 자신감이 사라지는 순간에는 '의도적'으로 자신감을 불어넣는 말을 하는 것이 중요하다. 그리고 '의도적'으로 자신감 있게 행동해야 한다. '의도적'인 자기 암시는 생각보다 강한 힘이 있다. '의도적'이라는 말은 사실은 그렇지 않지만 일부러 그렇게 한다는 뜻이다. 이것이 과연 효과가 있을까?

　폴 에크먼은 단순한 표정 변화로 사람의 감정을 바꿀 수 있다는 사실에 호기심을 느꼈다. 표정과 감정 상태의 상관관계를 깊이 연구한 에크먼은 《얼굴의 심리학》에서 특정 표정을 지으면 감정 상태에 변화를 일으킨다고 말했다. 감정은 우리 뇌에 변화를 일으켜 심장박동, 호흡, 땀 흘림 등 많은 생리적 변화를 가져온다. 감정은 신호를 내보내

우리의 표정, 목소리, 몸짓에 변화를 일으키기도 한다. 이러한 변화는 우리가 선택하는 것이 아니라 자연스럽게 일어나는 것이다. 여기서 감정이 표정, 목소리, 몸짓에 변화를 일으킨다는 사실에 주목하자.

또한 에크먼은 반대로 표정, 목소리, 몸짓에 변화를 주면 감정 상태를 바꿀 수 있다고도 주장했다. 그의 말처럼 우리는 의도적으로 자신감을 높이는 표정, 목소리, 행동을 하면 자신감을 회복할 수 있다. 즉, 자신감 있게 걷거나, 미소를 짓거나, '나는 할 수 있다' 같은 중얼거림은 자기 암시가 되어 자신감을 회복하도록 돕는다.

스펙보다
문제해결 능력을 키우자

스펙보다 능력

출신 학교, 자격증, 해외 연수, 영어 점수 같은 스펙이 대기업 입사 조건인 시절이 있었다. 그런데 막상 이런 기준으로 선발하여 일을 시켜보니 능력이 형편없는 경우가 많았다. 말 그대로 스펙만 좋은 사람이었던 것이다. 최근 이런 부작용을 해소하려고 블라인드 채용이니 비대면 채용이니 하는 말을 써가며 성과를 창출할 역량 있는 인재를 뽑으려는 경향을 보이고 있기는 하다. 그런데 과연 우리 사회에 스펙보다 능력을 중시하는 인식이 확실히 깔려 있다고 볼 수 있을까?

아직도 대학은 졸업 후 능력보다는 입학 결과로 서열이 정해져 있고, 그 결과 서울에 있는 대학에 들어가려는 경쟁은 식을 줄 모른다. 스무 살, 아직 가능성이 무한한 나이인데 들어간 대학으로 계급이 정해진다고 믿는 사회가 안타깝다. 부경대학교 김세권 교수의 이야기는 아직도 우리 사회가 실력보다는 스펙을 따지고 있다는 씁쓸한 사실을 잘 보여준다. 다음은 그가 실렸던 신문 기사를 정리한 것이다.

학술정보서비스 전문기관인 톰슨로이터는 최근 학술정보 데이터베이스인 '웹 오브 사이언스(Web of Science)'에 등록된 세계 논문 12만 건 이상을 분석해 각 분야에서 가장 많이 인용된 상위 1퍼센트 과학자 3천여 명을 발표했다. 부경대학교 김세권 교수도 여기에 포함됐다. 김 교수의 논문이 세계 각국 연구자들에게 높은 인용 가치를 인정받았다는 뜻이다. 정말 놀라운 것은 그가 지방대 출신 '토종 박사'라는 점이다. 지방대 교수에 전공도 해양생명공학 분야여서 사실 중앙 언론매체에서도 거의 조명을 받지 못했다. 신문 인터뷰에서 김 교수는 이렇게 말했다.

"지방대 출신 교수가 어떻게 국내보다 국제적으로 더 알려졌느냐고들 묻는데, 내가 무슨 답변을 하겠어요. 외국 사람들은 내 출신을 모르지요. 단지 연구 논문으로 나를 아는 거니까요."

"알게 모르게 차별이 있지요. 가령, 프랑스 정부연구기관에서는 해양 기능성 화장품에 대한 심사를 내게 부탁합니다. 나를 그 분야 최고 권위자로 보기 때문이죠. 하지만 국내에서는 안 그래요. 해양수산진흥원에서 심사위원으로 나를 부른 적은 있지만 딱 한 번으로 끝났어요. 지방대 교수가 너무 까다롭다는 뒷말을 들었어요."

"학회에 가면 외국에서 학위를 받거나 서울대를 나와야 알아주지, 지방대 출신은 명함을 못 내밀었어요. 그런 분위기가 내게 자극이 됐던 게 사실입니다. 국내에서 무시하면 국제 학회에서 연구논문으로 입증할 수밖에 없다고 봤어요."

-중앙일보-

스펙과 능력은 다르다. 실력보다는 학력이나 학위로 사람을 평가하는 방법은 잘못이고, 편견이다. 좋은 대학을 나왔거나 외국 대학에서 박사학위를 받았으면 왠지 실력 있어 보이는 것, 좋은 차를 타면 부자로 보는 것, 인상이 좋으면 사람도 좋을 것으로 생각하는 것 모두 편견이다. 좋은 인재가 되는 길은 스펙을 쌓는 데 있지 않고, 어떤 능력을 갖추느냐에 있다. 즉, 미래 인재는 문제해결 능력이 좋아야 한다.

제나라로 가던 초나라 사신이 송(宋)나라에서 잡혀죽는 일이 발생했다. 초나라는 이를 응징하기 위해 송나라 도성을 포위했다. 그러나 송나라의 결사 항전으로 싸움이 장기전으로 치닫고 성과가 없자 장왕은 군사를 돌리려 했다. 그때 왕을 수행하던 신숙시가 기발한 아이디어를 하나 제안한다. 《춘추전국이야기》의 저자 공원국이 '중국사를 바꾼 진언 중 몇 손가락 안에 드는 말'이라고 표현할 정도로 획기적인 안이었다.

"근처에 머물 집을 짓고 물러나 땅을 갈고 있으면 송나라는 반드시 명을 들을 것입니다."

위의 문장은 단순해 보이지만 실은 매우 중대한 발언으로, 향후 중국 군사작전의 중요한 축이 되는 '둔전(屯田)' 제도의 기원을 설명해준다. 장왕은 이 말을 따랐다. 신숙시는 둔전을 만들어 초나라가 장기전으로 적을 지치게 하는 전술을 만든 것이다. 송나라 사람들은 아예 집을 짓고 씨를 뿌리는 초나라 군인들의 행동에 버틸 의지를 잃어버렸다.[4]

자신의 강점을 파악하자

저스틴 멘케스는 자신이 쓴 《실행지능》에서 문제해결 능력을 '실행지능'이라고 정의하고, 이것은 조직을 죽이고 살리는 힘이 있다고 주장했다. '실행지능'이 높은 인재는 다음과 같은 능력도 뛰어나다.

첫째 '업무의 완수 능력'이다. 실행력이 있는 인재들은 업무를 수행하면서 지속적으로 다양한 목표를 추구한다. 이들은 어떤 업무를 완수할지, 어떤 순서로 할지, 어떻게 하면 그 업무를 가장 훌륭하게 수행할지 결정한다. 시키는 일만 하는 사람은 인재라고 할 수 없다. 실행력 있는 인재는 자기가 맡은 일을 창의적으로 완수한다.

리더가 시키는 일이면 그것이 옳은지 그른지 따져보지도 않고 충성스럽게 처리하는 사람들이 있다. 20세기 가장 영향력 있는 정치이론 철학가인 한나 아렌트는 오토 아돌프 아이히만의 재판 과정을 지켜보며 《예루살렘의 아이히만》을 썼다. 아이히만은 유럽 전역에서 유대인을 잡아들여 죽음의 수용소로 보낸 나치 전범으로, 유대인 5백만 명을 죽였다고 스스로 밝힌 인물이다. 우리는 '이런 인간은 얼마나 사악할까?'라고 생각한다. 하지만 아이히만은 너무도 평범한 사람이었다. 자기가 맡은 일을 성실히 수행하고, 상부의 명령을 충실히 이행하는 보통 사람이었다.

우리 주변에서 흔히 보는 평범한 사람이 어떻게 그런 끔찍한 일을 벌였을까? 한나 아렌트는 '사유의 부재'에서 그 원인을 찾았다. 인간으로서 무엇이 옳은지, 지금 내가 하는 일이 악한지 선한지 사유하지 않았기 때문이라는 것이다. 사유하지 않은 인간은 영혼이 없는 인간이다. 이런 인재는 실행지능이 높은 인재라고 할 수 없다.

실행지능이 높은 인재는 리더가 시키는 일이라도 충분히 검토해 보고, 자기 생각을 말한다. 조직 전체가 올바른 방향으로 나아가도록 리더에게 올바른 말을 한다. 리더의 잘못을 묵인하거나 무조건 실행하는 문화에서는 절대로 좋은 인재가 능력을 발휘할 수 없다. 최고의 인재는 업무를 완수할 수 있는 역량을 갖추고, 자신이 맡은 일에서 성과를 만들어 낸다. 특히 이들은 문제해결에 대한 해법을 제시하는 데 탁월하다.

둘째, '다른 사람들과 함께 혹은 다른 사람들을 통한 업무수행 능력'이다. 다른 사람들의 노력과 협조를 통해 목표 달성 방법을 찾는 것은 리더의 기본 자질이다. 어떻게 다른 사람의 강점을 활용하는지, 동기부여는 어떻게 하는지, 열심히 일할 만한 환경을 어떻게 조성하는지 잘 알고 있다. 이 부분은 '3장. 관계력'에서 자세히 다루겠다.

셋째, '자기 자신에 대한 판단과 행동조정 능력'이다. 항상 자기 자신을 적극적으로 평가하고, 자신의 단점을 파악해 이를 고쳐 나간다. 미래를 준비하기 위하여 가장 먼저 할 일은 자기 자신을 아는 것이다. 지금 자신의 상황, 실력, 장점, 그리고 자신이 가야할 곳이 어디인지를 정확히 알지 못하면 제대로 준비할 수가 없다.

스스로 능력을 갖춘 인재로 성장하려면 자신의 강점을 잘 파악해야 한다. 훌륭한 요리사가 재료의 맛, 향, 영양 같은 특징을 잘 파악하여 맛있는 요리를 만들어내듯, 훌륭한 인재는 자신의 능력, 성격, 강점 등을 파악하여 능력을 차곡차곡 쌓아간다. 요리사가 재료의 독특한 맛을 없앨 수 없듯이 사람의 재능이나 강점도 바꿀 수 없다. 단지 그것을 활용할 뿐이다.

그렇다면 자신의 강점은 어떻게 파악할 수 있을까? 거기에 적당한 질문들이 있다. 다음과 같이 자신에게 질문해보자.

- 지금까지 살면서 가장 보람 있는 순간은 언제인가?
- 최근 몇 개월간 최고의 날은 언제였는가?
- 무엇을 할 때 가장 즐거웠는가?
- 가장 즐거운 이유는 무엇인가?

강점은 단순히 어떤 일을 잘한다는 뜻이 아니다. 아직 잘하지는 못하지만 본능적으로 하고 싶고, 시간이 지날수록 더 잘할 수 있는 일이다. 어떤 일에 강점이 있는 사람은 그렇지 않은 사람보다 성장 속도가 빠르고, 더 좋은 성과를 창출한다. 반면에 어떤 일을 할 때 실력이 늘지도 않고, 그 시간이 지루하고, 앞으로 더 잘할 수 있을 것 같지도 않은 일은 약점이라고 할 수 있다.

우선
실력부터 쌓자

너 자신을 알라

변화의 시점에 직면했을 때 준비를 위하여 가장 먼저 할 일은 자기 자신을 아는 일이다. 지금 자신의 상황, 실력, 장점, 그리고 자신이 가야 할 곳이 어디인지 정확히 알지 못한다면 준비를 제대로 할 수가 없다. 이때 지레짐작으로 자신의 한계를 그어서는 안 된다. 무작정 무한한 가능성이 있다고 오판해서도 안 된다. 간절히 바라면 무엇이든 이룰 수 있다는 어줍은 자기계발서에 현혹되어서는 안 된다. 자신의 약점과 강점을 제대로 파악한 후 자신이 어디로 가야 할지 정하는 것은 변화를 위해 아주 중요한 문제다. 자신의 역량을 냉정하게 따져보지 않고 방향을 잡는다면 실패할 수밖에 없다.

준비를 위하여 두 번째로 할 일은 본받을 만한 사람을 고르는 일이다. 김연아가 처음 피겨스케이트를 시작할 때 당시 일인자였던 미셸

콴을 본보기로 삼고 그녀를 닮기 위해 노력한 이야기는 유명하다.

《부자가 되려면 부자에게 점심을 사라》를 쓴 혼다 겐은 어려서부터 '돈 버는 법'에 관심이 많아서 성공한 사업가들의 이야기에 흥미가 많았다. 그는 대학 시절 여러 분야에서 성공한 사람들을 꼭 만나고 싶었고, 그들에게 한번 보고 싶다는 내용으로 편지로 썼다. 그리고 만나서는 그들에게 이런 질문을 던졌다.

- 선생님께서는 어릴 때 어떤 생각을 하셨습니까?
- 어떤 책이 도움이 됐습니까?
- 어떤 사람을 만나셨습니까?
- 인생의 목표는 무엇이었습니까?

이렇게 혼다 겐은 성공한 사람을 만나 얻은 정보를 그대로 실천하며 성공한 사람들처럼 살려고 노력했다.

준비를 위하여 세 번째로 할 일은 실력 쌓기다. 사실 세 번째가 가장 어렵고 시간이 오래 걸린다. 자신의 약점과 강점을 자세히 검토하여 목표를 정하고 나면 목표를 달성하기 위한 실력을 쌓아야 한다. 실력을 쌓지 않으면서 '운이 나쁘다', '나는 왜 되는 일이 없을까?', '재능이 없다' 같은 말을 할 필요가 없다. 자신의 분야에서 최고가 되려는 의지를 갖고 세 가지 차원-지식, 기술, 태도-에서 실력을 쌓아야 한다.

지식은 머리로 하는 차원의 것이다. 자신이 가고자 하는 분야에 대한 이론적 지식을 쌓아야 한다. 너무 당연한 말이지만 무슨 일을 하던 전문가가 되려면 자기 분야에 대한 공부를 계속해야 한다. 늘 새로운 지식이 만들어지기 때문이다. 지식은 책을 읽거나 강의를 들으면 쌓을 수 있다.

기술은 몸으로 하는 차원의 것이다. 예술이나 체육 분야에서 최고가 되려 한다면 역량을 키우기 위해 연습을 해야 한다. 외과의사나 치과 의사라면 수술을 위한 손놀림 기술을 연습해야 한다. 요리사, 악기 연주자, 가수, 자동차 정비공 등 기술을 향상해야 하는 분야는 셀 수 없이 많다. 유명한 요리사의 눈물겨운 이야기를 한두 번은 들었을 것이다. 전문가들은 기술을 향상시키려면 타고난 재능보다는 '신중하게 계획된 연습[5]'이 중요하다고 말한다.

신중하게 계획된 연습

심층연습은 지루한 반복의 연속과정이다. 농구선수가 자유투를 연습한다고 상상해보자. 이 농구선수의 목적은 자기가 던진 공이 정확히 농구 골대로 통과하는 것이다. 농구선수는 이 목적을 성취하기 위해 공을 던질 것이다. 공을 던지고 나면 자기가 던진 공이 얼마만큼 벗어났든지 알 수 있다. 골대에서 벗어난 정도, 즉 차이를 좁히는 것이 이 선수의 목적이 된다.

이런 과정을 반복하다 보면 정확히 골인시킬 수가 있다. 정확히 골인시켰을 때 동작과 감각을 인지하여 그대로 반복한다면 이제 그 선수의 근육이 동작을 외우게 되고 공을 던질 때마다 골인시킬 수 있는 단계가 된다. 여기서 중요한 것이 한 가지 있다. 골인시키는 동작을 과연 근육이 기억할 수 있을까 하는 문제다. 근육은 기억하지 못한다. 뇌가 기억하는 것이다. 근육이나 우리 몸은 단지 뇌의 명령에 따라 움직일 뿐이다.

이런 과정을 제대로 이해하기 위해 뇌 과학으로 관심을 돌려보자. 심층연습을 반복했을 때 어떻게 기술을 연마할 수 있는지 밝히기 위해 대니얼 코일은 우리 뇌 속에 있는 미엘린(myelin)이라는 물질에 관심을 가졌다. 대니얼 코일은 여러 뇌신경학자들의 연구 결과를 검토하여 미엘린에 있는 놀라운 능력을 다음과 같이 설명했다.[6]

인간의 모든 동작·사고·감정은 신경섬유 회로인 뉴런 사슬을 통해 정확한 타이밍에 맞춰 이동하는 미세한 전기 신호다. 미엘린은 그러한 신경섬유를 감싸고 있는 절연물질로서 신호의 강도·속도·정확도를 늘려준다. 즉 미엘린은 절연용 검정 테이프처럼 신경섬유 주위를 감싸고 있는 고밀도 지방질로서, 전기 자극이 새어나가지 못하도록 막는 역할을 한다. 특정한 회로에 신호가 많이 발사될수록 미엘린은 해당 회로를 더 완벽하게 최적화하며, 결과적으로 우리가 하는 동작과 사고의 강도·속도·정확도는 더욱 향상된다.

농구선수가 공을 넣기 위해 던지는 동작은 뉴런 사슬을 따라 신호가 전달되어 팔이 움직여야 가능하다. 이때 신호가 정확히 전달되도록 뉴런 사슬을 감싸고 있는 물질이 미엘린이다. 미엘린이 더욱 두껍게 뉴런 사슬을 감싸고 있을수록 더 정확한 신호를 보낼 수 있다. 미엘린을 두껍게 만들어 신호를 더욱 정확하게 전달하려면 반복연습밖에 없다. 즉, 농구선수가 골인시키는 동작을 반복적으로 연습할수록 미엘린의 두께는 두꺼워지고 더욱 정확한 신호를 보내게 되어 오차 없이 골인에 성공하는 것이다.

자, 이제 분명해졌다. 몸으로 하는 기술이 필요하다면 미엘린을 두껍게 만들기 위한 연습을 해야 한다. 속칭 전문가와 평범한 사람의 차이점은 더 높은 성과를 내기 위해 신중하게 계획된 연습을 얼마나 오랫동안 했느냐에 따라 좌우된다. 신중하게 계획된 연습 단계는 다음과 같다.[7] 한번 실천해보길 바란다.

1단계: 성과를 높이려는 목적으로 설계한다. 특별히 개선할 필요가 있는 특정 부분을 예리하게 찾아내 그 부분만 집중적으로 훈련하는 것이다. 단지 과거에 해오던 일을 반복하면 이미 예전에 도달한 수준을 유지할 뿐이다. 위대한 사람들은 자기가 하는 활동의 전 과정에서 특정 부분만 따로 떼어 그 연습만 집중한다. 그 부분에서 실력이 향상되면 다음으로 넘어간다.

2단계: 수없이 반복연습한다. 연습의 목적은 성장하는 데 있다. 단순히 반복하는 연습은 그리 효과적이지 않다. 성장 영역에서 필요한 적절한 연습을 선택하고 반복연습한다. 위대한 사람들은 한도를 정하는 것이 무의미할 정도로 같은 연습을 반복한다.

3단계: 끊임없이 피드백을 받는다. 어떤 기술이든 연습할 수는 있지만, 효과를 확인하지 못하면 성과를 향상시킬 수 없다. 즉, 연습이 제대로 됐는지 알아야 하는 것이다. 교사나 코치, 멘토의 피드백이 꼭 필요한 이유다.

잘하지 못하는 부분을 찾아내 수없이 반복하는 '신중하게 계획된 연습'은 재미없고 고롱스럽다. 그러다 보니 정신적으로도 무척 힘들다. 하지만 제프 콜빈은 신중하게 계획된 연습이 힘들고 지루하다는 사실이야말로 확실히 희소식이라고 말했다. 왜 그랬을까? 사람들은 그런 연습을 잘 하지 않고, 신중하게 계획된 연습을 하겠다고 마음을 먹는 순간, 그만큼 차별화한 존재가 될 수 있기 때문이라고 했다.

태도는 정신력, 마음가짐을 말한다. 정신력이 실력이 될까 생각할지 모르지만, 강한 정신력은 신중하게 계획된 연습을 위해서 매우 중요하다. 지식을 꾸준히 쌓아가는 일에도 정신력이 중요하다. 정신력은 근육과 같다. 근육은 운동으로 강화할 수 있다. 꾸준히 운동하면 이전보다 무거운 것을 들어 올릴 수가 있다. 더 높은 산을 힘들이지 않고 오를 수도 있다. 정신력도 근육처럼 고갈되지만, 꾸준히 노력하면 근육처럼 힘을 키울 수가 있다.

청소년기는 실력을 쌓는 시기다. 꼭 공부에 국한한 이야기가 아니다. 자신이 가고 싶은 길, 하고 싶은 일, 가슴에서 솟구치는 그 무엇을 위해 준비하는 기간이다. 그러려면 길을 정하고, 닮고 싶은 사람이 어떤 삶을 살았는지 따라 해보고, 실력을 쌓아야 한다.

⑦
충동 조절 능력이
인생을 좌우한다

인생을 좌우하는 충동 조절 능력

충동 조절 능력은 다음과 같이 세 가지 차원에서 발휘된다.

첫 번째는 감정 조절 능력이다. 감정 조절에 실패하면 분노, 복수심, 성급함, 고함, 비난, 빈정거림, 욕설, 공격적인 행동이 나타난다. 여기에는 누군가를 향한 증오나 분노부터 상대방이 약속 시간을 어겼을 때 느끼는 사소한 감정까지 포함한다.

두 번째는 유혹에 저항하는 능력이다. 마약, 알코올, 흡연, 수면 같은 욕구를 비롯해 시험 기간에 재미있는 드라마를 보고 싶은 유혹이나 컴퓨터 게임을 하고 싶은 유혹, 정상적이지 않은 성 욕구, 체중 조절할 때 식욕 같은 것을 억제하는 것이 여기에 들어간다.

세 번째는 역할 수행에 관한 능력이다. 학생이 숙제 제출 기한을 지킨다거나 직장에서 보고서를 제때 제출하는 일이 여기에 포함된다.

힘들고 어렵더라도 인내심을 발휘하여 성과를 만들려는 능력을 말한다.

1960년대에 월터 미셸이 수행한 '마시멜로 실험'은 충동 조절 능력이 삶에 어떤 영향을 끼치는지 잘 보여준다. 연구자들은 아이들을 방으로 데려가 마시멜로를 쥐어주고, 나갔다 다시 돌아오는 15분 동안 먹지 않으면 한 개를 더 준다는 조건을 걸었다. 아이들 중에는 연구자들이 나간 직후 마시멜로를 홀랑 먹어 치우는 아이들도 있었고, 잘 참아낸 아이들도 있었다. 잘 참아낸 아이들은 나중에 더 큰 보상을 위해서 충동을 조절한 것이었다.

이 실험은 간단했지만 많은 사실을 알려주었다. 잘 참아낸 아이들은 학업 성적이 좋았고, 학교에서 말썽도 덜 부렸다. 더 좋은 대학에 들어갔고, 성인이 된 후에도 더 많은 돈을 벌었다. 이들은 범죄에 빠질 가능성이나 비만의 위험도 적었다. 충동을 조절하는 능력이 삶 전체에 영향을 미친 것이다.

유아 때 마시멜로를 먹고 싶은 충동을 잘 참아낸 아이들의 학업 성적이 우수하다는 결과는 유혹을 참아내는 능력이 성과와 관계 있다는 사실을 잘 보여준다. 컴퓨터 게임을 하고 싶은 충동을 참는 능력, 자고 싶은 충동을 참는 능력, 쉬고 싶은 유혹을 이겨내는 능력, 화내고 싶은 충동을 억제하는 능력, 포기하고 싶은 충동을 견디는 능력이 모두 여기에 해당한다. 하기 싫은 일을 기꺼이 하는 능력도 성공하는 사람에게 필요한 자질이다. 자기 일을 즐기고, 하고 싶은 일을 하며, 잘할 수 있는 일을 해야 열정이 생긴다고 하지만, 이렇게만 해서는 그저 남들보다 잘하는 수준밖에 되지 않는다.

　고등학교 2학년인 현준이는 전 과목 성적이 매우 우수했다. 그러나 학창 생활은 지옥이었다. 일주일 중 현준이가 쉴 수 있는 자유 시간은 2시간뿐이었다. 나머지 시간은 부모님의 엄격한 감시 아래 공부만 해야 했다. 좋아하는 여학생이 있었지만, 잠깐 만나는 시간조차 허용되지 않았다. 1학년 때는 그런 상황을 이해해주는 선생님이 있었다. 의지할 곳 없이 공부만 해야 하는 가정 분위기가 안타까워 현준이를 위로해주고, 가끔 수업 시간에 잠을 자도 이해해주었다.
　현준이의 탈선은 2학년 때 담임이 바뀌면서 시작되었다. 엄격한 담임선생님은 부모님처럼 수학능력 시험일이 얼마 남지 않았음을 강조했고, 현준이가 수업 시간에 집중하지 못하는 것을 허용하지 않았다. 의지할 곳은 없었지만, 다행히 좋아하는 여학생이 같은 반이 되어 행복했다. 밝게 웃는 여학생의 미소는 현준이를 설레게 했고, 우연히 지나갈 때 느껴지는 그 아이의 머리카락 향기는 현준이의 내적 욕구를 자극했다.
　그러던 어느 날이었다. 현준이가 치마를 입은 그 여학생의 다리를 몰래 촬영하고, 허락 없이 그 여학생의 가슴을 터치하는 일이 발생했다. 힘든 상황은 이해되었지만, 한 번의 충동 조절 실패는 현준이에게 두고두고 후폭풍을 몰고 왔다. 성추행으로 학교폭력위원회가 열렸고,

학급이 교체되었다. 대학 입시에 매우 불리하게 작용했음은 물론이다.

20세기 최고의 권투 선수로 이름을 날린 핵주먹 타이슨은 두 살 때 아버지가 집을 나간 후 어린 시절을 매우 힘들게 보냈다. 강도, 폭력, 절도 등으로 소년원에 수감되기도 했다. 열두 살 때까지 38번이나 경찰에 체포되었다니 그야말로 상상을 초월한다. 그런데 교도소 복역 중 그를 눈여겨본 권투 트레이너를 만나 인생 역전에 성공한다. 1985년 프로로 데뷔한 타이슨은 1986년 20살 때 WBC 세계 헤비급 챔피언이 되었다. 프로 데뷔 후 37번을 이길 동안 한 차례도 패하지 않았으며, 19전 연속 KO승이라는 대기록을 세우기도 했다.

그랬던 그가 충동조절에 실패하면서 몰락의 길을 걷게 된다. 그는 1991년 여성을 강간한 혐의로 징역 6년형을 받고 3년을 복역한 후 가석방된다. 석방 뒤 재기에 성공하여 세계 챔피언 자리를 되찾기도 했다. 하지만 경기 중 상대 선수의 귀를 물어뜯은 후 아내를 폭행하여 이혼당하고, 엄청난 낭비로 2003년에는 파산 선신고를 한다. 한 기록에 따르면, 타이슨은 복싱으로 번 돈이 무려 3억 달러라고 한다, 지금 우리 돈으로만 따져도 3천억 원이 훌쩍 넘는다. 타이틀 획득 후 16년 만에 파산한 셈이니 단순 계산으로만 쳐도 1년에 2백억 원씩 썼다는 얘기다.

나의 약점을 어떻게 고칠 것인가?

앞에서 현준이와 타이슨은 모두 충동조절에 실패했다. 현준이는 유혹에 저항하는 능력이 부족했고, 타이슨은 감정 조절에 실패했다. 두 사람의 약점인 것이다. 다음은 유혹이나 충동에 대한 조절 능력을 알아보는 문항이다. 한번 체크해 보자.

1. 성격이 급해 금방 흥분하고 화를 잘 내는 편이다.
2. 잘한 일이라면 반드시 인정받아야 하며, 그러지 못하면 화가 난다.
3. 자신의 의도대로 되지 않아 화가 난 적이 여러 번 있다
4. 하는 일이 잘 풀리지 않으면 쉽게 포기하고 좌절감을 느낀다.
5. 타인의 잘못을 그냥 넘기지 못하고 꼭 갈등이 일어난다.
6. 다른 사람들이 무시하는 것 같고, 억울하다는 생각이 자주 든다.
7. 화가 나면 상대방에게 거친 말과 함께 폭력을 행사한다.
8. 화가 나면 주변의 물건을 집어 던진다.
9. 분이 쉽게 풀리지 않아 우는 경우가 종종 있다.
10. 내 잘못도 다른 사람 탓을 하면서 화를 낸다.
11. 중요한 일을 앞두고 화가 나 망친 적이 있다.
12. 분노의 감정을 어떻게 해야 할지 모르겠다.
13. 어려운 일이나 관계를 중간에 그만두는 경향이 있다.
14. 충동구매와 계획 없는 지출로 용돈이 항상 부족하다고 느낀다.

15. 관심을 잃으면 더는 그 일을 하기가 어렵다.

16. 반복되는 일에 쉽게 싫증을 느끼고, 새로운 것을 좋아한다.

17. 충동적인 성격 때문에 주변 사람과 문제를 일으킨다.

18 시작은 잘하지만, 많은 경우 마무리를 못한다.

플립 플리펜은 《위대한 반전》에서 치명적 약점을 고쳐 인생에서 대반전을 이루라고 말했다. 플리첸은 '우리는 모두 약점이 있다'고 말한 후, 자신의 약점을 인정하지 않으면 극복할 수 없을 뿐만 아니라 약점이 인생의 모든 영역에 영향을 끼친다고 경고했다. 그러면서 약점을 최소화한 사람이 인생에서 승리한다고 강조했다. 그의 이야기를 더 들어보자.

> 내가 말하고 싶은 것은 자신의 결정적 약점을 근절하거나 최소화하는 사람이 인생에서 성공한다는 것이다. 결정적 약점이란 일상적으로 나타나서 대인관계를 저해하거나 일하는 능력에 타격을 주는 것이다. 이런 치명적인 약점이 적은 사람이 더 많은 사람보다 뛰어난 기량을 보인다."[6]

이제 자신의 약점을 생각해 보자. 위의 18개 항목 가운데 몇 가지가 해당하는가? 약점이 인생에 악영향을 끼친다면 당연히 고쳐야 하지 않겠는가? 선택한 항목이 다음 네 가지라고 가정해보자.

- 성격이 급해 금방 흥분하고 화를 잘 내는 편이다.
- 타인의 잘못을 그냥 넘기지 못하고 꼭 갈등이 일어난다.
- 충동구매와 계획 없는 지출로 용돈이 항상 부족하다고 느낀다.
- 시작은 잘하지만, 많은 경우 마무리를 못한다.

네 가지를 한꺼번에 고치려면 쉽지 않다. 일주일에 하나씩 정해 집중적으로 노력하는 방법을 권한다. 한 달에 각각 한 번씩 훈련하면 1년에 12번 훈련할 수 있으니 약점을 고칠 수 있을 것이다.

8

분노의 순간,
'일단 멈춤'을 기억하자

무의식을 의식 상태로 되돌리기

분노가 끓어오르는 충동적인 상황에서 의지력을 발휘할 수 있는 방법은 '일단 멈춤'이다. 자신의 감정을 억제하지 못하고 기분대로 행동하면 치명적일 수 있다. 평소 감정적인 언행으로 실수가 잦다면 매우 유용한 방법이다. 감정의 폭발은 대개 대화 중에 일어난다.

대화가 원만하게 풀리지 않으면 말다툼을 시작하는데, 바로 이 순간 잘 대처해야 한다. 분노 상황이 되면 우리 몸에는 스트레스 호르몬이 쏟아져 나온다. 스트레스 호르몬은 심장박동을 빠르게 하고, 사람을 열받게 한다. 인체의 이러한 자동 시스템은 정신과 육체에 좋을 것이 없지만, 우리 몸은 무의적이고 자동적으로 반응한다.

충동적으로 행동하고 나서 뭔가에 쓰인 것 같다거나 눈에 뵈는 게 없었다는 표현은 우리가 무의식 상태에 있었다는 증거다. 그러고 나서 후회를 해봤자 때는 이미 늦었다. 이때 '일단 멈춤'을 기억하자. 눈에 뵈는 게 없는 '무분별'한 상황에서 분별력을 갖도록 도와준다. 무의식적인 단계를 의식의 단계로 바꿔놓기 때문이다. 자신도 모르게 자동으로 행하던 행동을 자신이 의식하는 수준으로 환원하는 것이다. 어떤 상황이 당신을 분노케 한다면 즉각적이고 자동적으로 말을 쏟아내거나 행동하지 말고, 일단 멈추고 그 순간을 벗어나 보자. 산책을 해도 좋고, 심호흡을 해도 좋다. 그러면 5분 후 후회할 일을 막을 수 있다. 일단 멈추어 서서 이렇게 질문 하나를 해보자.

'내가 진정 바라는 것이 무엇인가?'

원하는 것을 위하여 비굴해지라는 것이 아니다. 지금 상황을 가라앉히는 방향으로 가라는 것이다. 흥분한 상태에서는 결말이 좋을 수 없다.

대화의 목적 기억하기

고등학생 다섯 명이 모여 과제를 수행하기로 했다. 영찬이가 리더고 현진, 동준, 연경, 상우가 함께 하기로 했다. 과제는 학교 신문을 창간하는 일. 다섯은 각자 역할을 나눴다. 현진이는 교장 선생님과 학생회장에게 창간사 원고 청탁을 맡았다. 연경이는 교내 동아리 두 곳을 탐방해 기사를 쓰기로 했고, 연경이는 학생들이 꼭 읽어야 할 책을 추천받아 소개하는 글을 쓰기로 했다. 상우는 교내 행사를 취재하여 기사를 쓰기로 했다. 영찬이는 리더로서 진행 사항을 점검하며 신문 발행에 문제가 없게 하기로 했다.

개교기념일에 맞춰 창간호를 발간하려면 마감은 2주 후가 적당했다. 학생 5명이 마감까지 맡은 일을 잘 처리해야 학교 신문을 개교기념일에 맞춰 차질 없이 발행할 수 있었다. 마감 일주일 전에 모여 사전 점검할 때까지 다들 문제없이 일을 진행하고 있다고 답했다. 마감 하루 전 다섯 명이 다시 모였다.

영찬: 내일이 마감인데, 내일까지는 원고를 모두 완성해서 보내줘.

연경: 미안한데, 나는 아직 동아리 탐방도 못했는데…

영찬: (화를 내며) 지금 뭐라고 했어? 원고를 못 쓴 것도 아니고 아직 동아리 탐방도 못했다고? 일주일 전만 해도 문제없다고 하지 않았나? 너는 왜 이리 무책임해? 너를 어떻게 믿고 어떻게 함께 일을 하겠냐.

연경: 뭐? 무책임? 재수 없어. 나 못하겠다. 너희끼리 해!

영찬: (큰 목소리로) 마감 하루 전에 어떻게 이럴 수 있어. 너 때문에 개교기념일에 맞춰 창간호를 못 내면 누가 책임지는데.

연경: 야! 왜 큰소리야? 네가 뭔데? 나 여기서 빠질 테니까 너희들끼리 잘해봐.

두 사람은 무엇을 잘못한 것일까? 둘 다 감정 조절에 실패했다. 영찬이는 화를 내며 큰소리를 냈다. 그뿐 아니라 '무책임하다'는 자극적인 말로 인신공격까지 했다. 아무리 잘못이 커도 이런 말을 들으면 기분이 나쁠 수밖에 없다. 연경이도 화난 감정으로 '재수 없게'라는 막말을 했다. 막말은 막말을 낳는다. 서로 막말을 주고받으며 감정은 더 격해졌고, 결국 몸싸움으로까지 이어질 뻔했지만 주위의 만류로 최악의 상황은 막을 수 있었다.

이렇게 분노를 느낄 때, 가장 먼저 할 일은 자신의 감정 상태를 파악하는 것이다. 그래야 큰일을 막을 수 있다. 무의식 상태를 의식 상태로 되돌리라는 것이다. 그러면서 이렇게 생각해보자.

- 내가 지금 화나 있구나.
- 내 몸에서 스트레스 호르몬이 분비되고 있구나.

이렇게 자신의 감정 상태를 알면 이판사판 상황을 면할 수 있다. 그다음에는 상대방의 감정 상태를 아는 것이다. 상대방의 기분이 좋은지, 나쁜지를 안다면 상대방을 자극하여 일어나는 불필요한 다툼을 막을 수 있다. 자신의 기분만 생각하고 다른 사람이 얼마나 기분이 상했는지 헤아리지 못하는 사람은 소통이나 협업을 할 수 없다. 이때 차오르는 감정을 억제하는 좋은 방법은 다음과 같이 내가 지금 이 대화를 왜 하는지 그 이유를 상기하는 것이다.

'지금 이 대화로 내가 진정 얻고자 하는 것은 무엇인가?'[9]

이런 질문을 하면 평정심을 되찾을 수 있다. 여기서 다섯 명이 모여 대화하는 목적은 무엇인가? 당연히 학교 신문 창간이다. 서로 망신 주거나 제압하기 위한 것이 아니다. 그런데 화를 내고 욕하면 신문 창간을 순조롭게 할 수 있을까? 일단 멈춰 서서 대화의 목적을 떠올리며 숨 고르기를 하면 분노 감정을 억제할 수 있다.

⑨
실행력이 약하면
예방 조치를 하자

선제적 예방 조치의 힘

결심하고도 제대로 실행하지 못한다면 '선제적 예방 조치'를 만들어 보자. 1월 초가 되면 헬스장이 초만원이라고 한다. 새해를 맞이하여 새로운 결심을 하고 운동을 시작하는 사람이 늘어나기 때문이다. 그런데 보름 정도 지나면 다시 평소대로 되돌아간다. 유혹을 이기는 자기 절제가 그만큼 어렵다는 뜻이다. 다이어트, 금연, 금주 노력이 얼마 가지 못하는 이유는 유혹이 그만큼 강하기 때문이다.

학생 몇몇은 스마트폰이 아닌, 통화 기능만 있는 핸드폰을 사용한다. 집중에 방해가 되기 때문이다. 이들은 학급 SNS로 전달되는 공지 사항도 계획한 공부를 끝내고 집에서 컴퓨터로 확인한다. 중요한 안내를 놓칠 것 같지만 그렇지 않다. 교사는 중요하고 긴급한 사안은 종례 시간에 구두로 안내한다. 요즘은 학급에 개인 태블릿이 보급되어 있어 스마트기기를 활용하는 수업은 그것을 사용하면 된다.

전체 학생 중 서너 명 정도로 적은 수지만, 이 학생들에게는 공통점이 있다. 학업성취도가 최상위권을 유지하거나 성적이 크게 향상되었다는 사실이다. 집중에 방해되는 스마트기기를 선제적으로 방어한 효과는 확실했다. 반면 스마트폰을 내 몸처럼 소중히 생각하는 학생도 있다. 성적표가 발송되는 날이면 성적이 낮은 학생들 가정에서는 다음과 같이 부모와의 불화가 시작된다.

"맨날 스마트폰만 끼고 있으니까 성적이 그 모양이지!"

"다른 애들도 다 쓰는데, 왜 나한테만 뭐라고 해?"

"다른 애들이 너만큼 공부 못하니?"

"다른 엄마들은 엄마처럼 잔소리 안 해!"

"엄마한테 말버릇이 그게 뭐니? 너 때문에 정말 속상해 죽겠다."

"나도 엄마 때문에 죽고 싶어!"

"차라리 같이 죽자."

"나 혼자 나가서 죽을 거야. 내 핸드폰 줘! 나 죽으면 GPS로 찾아!"

지필평가 이전에 준비하지 않고, 시험 결과 이후 서로를 탓하며 부모와 자녀 사이는 이렇게 점점 멀어진다. 극단적인 선택을 하려고 집을 나가는 상황에서도 스마트기기를 찾는 학생들. 어른들의 금연, 금주, 다이어트만큼 학생들의 스마트기기에 대한 유혹은 강하고 절제하기 어렵다.

그리스 신화에 나오는 이야기다. 트로이 전쟁을 승리로 이끈 오디세우스는 부하들과 고향에 가기로 했다. 그의 고향은 이오니아 해에 있는 이타케 섬이었다. 고향 가는 길에는 장애물과 유혹이 많았다. 특히 사이렌의 유혹은 견디기 힘들었다. 사이렌은 몸은 새지만, 여자 머리와 목소리를 가진 바다 괴물이었다. 거부할 수 없는 매혹적인 목소리로 사람들을 유혹하여 배가 바위 절벽에 부딪혀 죽게 했다. 사이렌이 사는 섬을 무사히 빠져나가는 배는 거의 없었다.

오디세우스는 알고 있었다. 자신도 사이렌의 노랫소리에 유혹당할 수 있다는 것을. 오디세우스는 사이렌이 사는 섬을 무사히 통과하기 위해 미리 방책을 세웠다. 부하들의 귀를 모두 틀어막고, 자신은 돛대에 묶인 채로 그 섬을 통과하는 것이었다. 완전히 통과하기 전까지는 자신의 명령을 아무도 따르지 말라고 명령하기까지 했다. 오디세우스는 자신의 약점을 알았고, 미리 자신을 결박하는 선제적 예방 조치로 유혹을 이기고 고향에 돌아갈 수 있었다.

'대안 없애기'는 좋은 선제적 예방 조치다. 공부 습관이 되어 있지 않다면 30분을 앉아 있기가 힘들다. 이럴 때 대안 없애기 방법은 효과적이다. 예를 들어 오후 7시부터 9시까지 공부 시간으로 정했다고 가정해 보자. 이때 대안 없애기는 오래 앉아 있을 때 답답함을 느끼거나 지루하여 집중할 수 없을 때라도 정한 시간 동안은 책상을 떠나지 않는 것이다. 졸음이 오더라도 책상에 엎드려 잠깐 자는 것이다. 화장실을 가고 싶거나 커피를 마시고 싶어도 책상을 지키며 조금씩이라도 공부를 하다보면 습관이 된다.

대안 없애기는 최초의 결심을 강화하는 전략이다. 집중력이 떨어질 때, 시험공부를 하는 중에 지루함을 느낄 때, 마감은 다가오는데 아이디어가 떠오르지 않을 때, 다른 것을 하고 싶은 유혹을 애초에 차단하는 효과가 있다.

미루는 습관이 있다면 기한을 정하라

애리얼리는 미루는 습관이 있다면 어떻게 해결해야 하는지 실험으로 그 방법을 찾아냈다.[10] 그는 대학생들을 상대로 강의하는 첫날에 12주 동안 숙제 3가지를 제출해야 한다고 말했다. 이 숙제가 최종 학점을 매길 때 높은 비율을 차지한다는 사실도 알렸다. 다만 교실별로 제출 방법을 따로 정했다. 첫 번째 교실에서는 "이번 주 안으로 숙제를 언제 제출할지 날짜를 정하세요. 일단 기한을 정하면 그것을 바꿀 수 없어요"라며 제출 기간을 학생들이 자율적으로 정하고, 정한 기일을 어기면 하루 늦을 때마다 1퍼센트씩 점수를 깎을 것이라고 했다. 학생들은 자신이 정한 기한 내에 숙제를 제출해야 하지만, 그 기간이 빠르다고 해서 점수를 더 얻는 것은 아니었다. 학생들은 자율적으로 아래에 날짜를 적어 냈다.

첫 번째 숙제는 _____째 주에 제출하겠습니다.

두 번째 숙제는 _____째 주에 제출하겠습니다.

세 번째 숙제는 _____째 주에 제출하겠습니다.

학생들은 제출 날짜를 언제로 잡았을까? 이성적인 학생이라면 맨 마지막 날 한꺼번에 내는 것으로 정했을 것이다. 그러나 학생들은 교수가 나눠준 강의계획표를 이용하여 한 학기 동안 제출할 기한을 적절히 배분했다. 이는 자신에게 미루는 경향이 있다는 사실을 잘 알고 있어 자신을 통제하고 싶은 학생들에게 괜찮은 방법이다. 문제는 과연 그런 방식이 학점을 따는 데 도움이 되는가 하는 것이다. 이 점을 살펴보기 위해 다른 교실에서 내용은 같지만 다른 형태로 실험을 진행하여 점수를 비교하였다.

두 번째 교실에서는 학생들에게 마감일을 정하지 않고, 숙제를 학기 마지막 날까지 제출하도록 했다. 미리 내도 상관없지만 추가 점수는 없었다. 이들은 선택의 자유를 얻었을 뿐만 아니라 중간 마감일을 지키지 않아도 벌점을 받을 가능성이 없었다. 세 번째 교실에서는 독재적 방식을 택하여 세 가지 숙제 마감일을 각각 4주차, 8주차, 12주차로 정했다. 거기에는 선택의 여지나 융통성이 전혀 없었다.

세 교실 가운데 어느 교실이 가장 좋은 점수를 받았을까? 마감일을 정해 놓은 교실 학생들이 가장 좋은 학점을 받았다. 마감일을 정하지 않은 학생들이 가장 나쁜 점수를 받았고, 스스로 마감일을 정한 교실은 중간 성적을 거두었다. 이런 결과가 의미하는 바는 무엇일까? 첫째, 학생들은 과제를 미룬다. 둘째, 자유를 최대한 제한하는 것이 미루기를 방지하는 최선의 방식이다. 그리고 가장 큰 발견은 학생들이 마감일을 정할 수 있도록 계획표를 나눠준 것만으로도 더 좋은 학점을 따는 데 도움이 되었다는 것이다.

실험 결과가 알려주는 사실은 이렇다. 학생들은 자신에게 미루는 경향이 있음을 잘 알고 있으며, 기회만 닿는다면 그러한 습성을 고쳐 더 나은 성과를 얻고 싶어 한다. 결과적으로 마감일을 충분히 나누지 않은 학생들이 교실의 평균 점수를 깎아 먹었다. 마감일을 적당한 간격으로 띄어 놓지 않은 채 마지막에 몰아서 과제를 하다 보니, 서두르게 되어 제대로 과제를 마무리하지 못한 것이다. 하루 늦을 때마다 1퍼센트씩 감점하지 않았다고 해도 이들의 결과는 마찬가지였을 것이다. 이 실험에서 알 수 있는 사실은 간단하다. 모두에게 미루는 경향이 있지만, 그 문제를 자각하고 인정하는 사람은 그것을 극복할 수 있다는 것이다.

선제적 예방 조치로 '공개 선언'이라는 방법도 있다. '금연을 하겠다'나 '체중을 감량하기 위하여 운동을 하겠다'는 결심을 주변에 말하면 효과를 볼 수 있다. 낭비 습관이 있는 경우, 미리 적금을 들어 놓는 것도 마찬가지다. 하지 않을 수 없는 상황을 미리 만들어 놓으면 그만두고 싶은 유혹을 견딜 수 있다. 사람은 다른 사람의 시선이나 평가에 예민하기 때문이다. 이런 결심을 공개하지 않고 자신만 알고 있다면 실패하더라도 슬쩍 넘어가게 되어 뜻한 바를 이룰 수 없다.

⑩
목표와 계획으로
실행력을 높이자

목표와 계획 세우기

한유정은 할리우드 최초의 한국인 미술 총감독이다. 목표에 대한 열정과 도전을 그녀는 《꿈보다 먼저 뛰고 도전 앞에 당당하라》[11]에 잘 표현하였다. 그녀는 열여섯 살 때 '무대 디자이너'라는 꿈을 품은 뒤 오로지 꿈만 향해 달렸다. 그 후 그녀의 머릿속은 온통 무대 디자인으로 가득 찼다. 스물여섯에 '무대 디자이너'라는 꿈을 이루기 위해 안정된 직장을 버리고 미국 LA로 유학을 떠났다.

그녀는 IMF 시절 3개에 1달러 하는 햄버거를 얼렸다 녹여 먹으며 고픈 배를 채웠고, 학비를 벌기 위해 닥치는 대로 아르바이트를 했다. 하루 2시간만 자는 강행군을 지속하면서도 이를 악물었고, 23시간 55분 동안 촬영 현장을 지키고 있어도 5분을 비우면 물거품이 되는 냉정한 할리우드에서 반드시 살아남아야 한다는 마음가짐으로 자신의 입지를 다져 나갔다. 하루하루 그날 계획을 세우고 실행하고, 힘든 여건과 싸우면서 이겨나갔다. 밤늦게 집에 들어오면 샤워도 못하고 침대에 쓰러졌다. 그리고 새벽이면 주섬주섬 일어나 그날 일정을 확인했다.

그녀는 정신력과 체력의 한계를 넘어야 하는 힘겨운 싸움을 잘 견디어 냈다. 왜일까? '그 누구도 나에게 애송이라는 말을 할 수 없도록 해야만 했으니까.' 한유정의 말을 들어보자. 꿈과 목표가 얼마나 정신력을 강화하는지 잘 보여준다.

"하루 2시간밖에 잘 수 없는 강행군을 계속해야 했지만 할리우드는 정복하고 싶은 내 꿈의 무대이자, 내 삶의 목표였다. 내 청춘을 바쳐서라도 반드시 그 무대에서 최고가 되고 싶었다."

"사람의 말은 어떻게 하느냐에 따라 희망을 주기도 하고, 좌절을 안겨주기도 한다. 물론 받아들이는 사람이 어떤 자세를 가지는지도 중요하다. 나는 할리우드에서 받은 무수한 상처의 말들을 내 성장의 밑거름으로 삼았다. 오로지 내가 가고자 하는 목표를 바라볼 뿐 남의 말에 연연하지 않고 오히려 상처를 긍정적으로 받아들이고자 노력했다. 나 자신과 꿈에 대한 믿음이 없었다면 절대 불가능한 일이었을 것이다."

성공한 사람의 목표

세계에서 여성 최초로 히말라야에서 8천 미터가 넘는 고봉 14개를 모두 정복한 오은선은 어떤 목표가 있었기에 그 일을 해냈을까? 오은선 이전에 히말라야 8천 미터 봉우리 14개를 모두 오른 사람은 남자뿐이었다. 오은선은 키 155센티미터에 체중 50킬로그램 미만으로, 그 엄청난 일을 해내리라고는 도저히 상상할 수 없는 몸이었다. 그러나 오은선은 해냈다. 꿈이 있고 목표가 있었기 때문이다.

오은선은 수원대 전자계산학과를 졸업했다. 고등학교 때부터 산에 오르기는 했지만, 대학 때 산악 동아리에 들어가며 산과 본격적인 인연을 맺었다. 졸업 후 서울과학교육원에 전산직 공무원으로 취직했다. 가만히 있으면 안정된 직장이었다. 그러나 1993년 에베레스트에 갈 기회가 생겼다. 휴가를 내려고 했지만 받아들여지지 않았다. 산에 간다는데 몇 개월씩 휴가를 주며 잘 갔다 오라고 할 직장이 어디 있겠는가?

그녀는 미련 없이 사표를 던졌다. 안정된 직장을 버리고 산을 선택한 것이다. 이 사실을 알게 된 부모님은 기가 막혔다. 한없이 작아 보이는 딸이 동네 뒷산도 아니고 에베레스트를 간다는데 어느 부모가 찬성하겠는가? 부모님은 딸의 결심을 막기 위해 등산 장비를 모두 버리면서까지 반대했다.

하지만 오은선은 뜻을 굽히지 않았다. 이때 '여성 에베레스트 원정대' 참가를 시작으로 세계적인 여성 산악인으로 첫발을 내디뎠다. '여성 에베레스트 원정대'는 대원 3명이 에베레스트 등정에 성공해 한국 산악계를 놀라게 했다. 오은선은 식량 담당으로 정상에 오르지 못했지만, 이를 계기로 본격적인 해외 원정에 눈을 떴다.

오은선이 처음으로 8천 미터 고봉을 오른 것은 1997년이다. 두 번째로 오른 때는 7년 뒤인 2004년이다. 그때 세계에서 가장 높은 에베레스트를 올랐다. 이 등반은 오은선이 비로소 실력 있는 산악인으로 인정받는 계기가 됐다. 산을 오르다 전날 실종되었던 동료 산악인 박무택의 시신을 보았다. 얼마나 놀랐을까? 나도 저렇게 될지 모른다는 두려움과 공포가 밀려오지 않았을까? 하지만 오은선은 공포와 두려움을 이기고 에베레스트 정상에 올랐다. 정상을 밟은 후 베이스캠프로 돌아오는 길에 산소가 떨어져 캠프에 도착하기 직전 쓰러질 정도로 그녀는 악바리였다. 이때의 등반은 그녀에게 좋은 경험이 되었다.

에베레스트를 오른 후 그해 12월 남극에서 제일 높은 4,897미터 봉우리 빈슨매시프를 정복했다. 7대륙 최고봉 등정을 마친 것이다. 이때부터 그녀는 14좌 완등이라는 목표를 세웠다. 두려운 도전이었다. 오은선 자신도 그것을 할 수 있을지 확신할 수 없었다. 자신을 테스트해 보기로 마음먹었다. 세계에서 두 번째로 높은 K2를 정복한다면 14좌 완등에 도전해 보겠다고 결심했다. K2가 워낙 난코스라 많은 산악인이 희생되었기 때문에 오은선은 이 산을 선택한 것이었다. 오은선은 K2 완등에 성공했다. 자신감을 얻었다.

에베레스트 14좌 정복이라는 목표가 생기자 그녀는 열정에 불탔다. 어디서 그런 기운이 나왔을까? 2008년과 2009년 2년 동안 8개 봉우리를 정복해 버렸다. 세계인은 놀랐다. 저만큼 앞서 있던 다른 경쟁자들을 뒤로 제쳤다. 그러자 이제 세계 최초의 14좌 완등 여성 산악인이라는 목표가 생겼다. 목숨보다 소중한 자신의 목표를 위해 그녀는 걷고 또 걷고 오르고 또 올랐다. 마음속에 목표가 없었다면 어디서 그런 힘과 배짱이 나왔겠는가. 그리고 마침내 2010년 4월 27일 세계 10위의 고봉인 해발 8,091미터의 히말라야 안나푸르나 정상에 올라 히말라야 8,000미터급 14좌 완등에 성공했다. 자신의 목표를 이룬 것이다.

목표는 사람을 움직이게 만드는 강력한 에너지를 제공한다. 그래서 목표가 있는 사람과 목표가 없는 사람은 하늘과 땅만큼 차이가 나는 것이다.

목표를 구체적으로 세우자

성취 욕구가 강한 사람은 목표를 달성하면 강한 성취감을 느끼고, 그 성취감은 더 큰 목표를 향해 내달리도록 동기를 부여한다. 누구나 목표의 중요성을 안다. 목표가 없는 사람은 거의 없다. 그런데도 사람들의 성패가 갈리는 것은 목표를 세우는 방법이 다르기 때문이다. 실패한 사람의 목표는 막연하고 모호하다. 목표라기보다는 막연한 희망일 뿐이다. 성공한 사람의 목표는 구체적이고 명확하다. 성공한 사람의 목표 세우는 방법은 다음과 같다.

1. 적정한가?: '적정한 도전'은 성공할 확률과 실패할 확률이 반반 정도는 되어야 한다. 적정한 도전은 실패했을 때라도 유익하다. '실패도 경험'이라는 말은 그래서 나왔을 것이다. 적정한 도전에서 실패하면 성취 욕구가 강한 사람은 실패 원인을 따져 보고 다음 시도에 반영하려 한다. 역량이 부족하다고 생각하면 더 노력한다. 실패했을 때는 자기 자신에게 관대해야 한다. 특히 새로운 도전이라면 더 긍정적으로 평가해야 한다. 적정한 도전으로 만들기 위해 목표를 쪼개 중간 목표를 만드는 것도 중요하다. 그래야 사다리를 오르듯 한 계단 한 계단 목표를 달성해 갈 수 있다.

2. 구체적인가?: 목표는 구체적이어야 한다. 예를 들어 '나는 좋은 대학에 가겠다' 보다는 '나는 ○○대학을 가겠다'가 더 구체적인 목표다. 목표가 구체적이어야 실행계획을 짤 수 있다. 모호하고 막연한 목표는 실현 가능성이 작다. 책을 읽는 학생을 대상으로 한 연구에서 목표가 불확실한 학생들은 눈으로 방을 이리저리 훑어보는 등 집중력이 떨어진 반면, 구체적 목표가 있는 학생들은 더 많은 시간을 책 읽는 데 사용했다. 중간고사를 앞둔 대학생을 대상으로 한 실험에서도 단순히 좋은 성적을 상상한 학생보다는 좋은 성적을 얻으려는 방법을 구체적으로 생각한 학생이 더 나은 성적을 받았다.

3. 측정할 수 있는가?: 체중을 줄이려는 사람은 먼저 체중계를 준비해야 한다. 그래야 매일매일 자신의 체중 감량 여부를 측정할 수 있다. 운동을 열

심히 하고 먹는 양도 줄여가며 열심히 체지방을 빼고 있지만, 그 과정을 눈으로 볼 수 없다면 잘 되고 있는지 모를 것이다. 성과를 측정할 수 있어야 목표를 달성하기 쉽다.

4. 현실성이 있는가?: 지나치게 높은 목표나 상식적으로 불가능한 목표들이 있다. 예를 들어 고등학생이 지금 축구를 시작하며 '나는 손흥민이 될거야' 한다면 현실성이 없는 목표다. 차라리 '축구를 열심히 해서 체중을 5킬로그램 빼야지'가 현실적인 목표다. 목표가 현실성이 있어야 동기부여가 된다. 어차피 달성하지도 못할 목표에 최선을 다할 사람은 없다.

5. 언제까지 달성할 것인가?: 기한을 정하지 않은 목표는 사실 목표라고 할 수 없다. '언젠가는 공부할 거야', '모의고사 잘 봐야지' 같은 막연한 계획과 목표는 실행력을 떨어뜨린다. 구체적인 목표라면 '나는 토요일까지 과제를 마치겠다', '나는 3개월 안에 체중을 5킬로그램 감량하겠다' 같이 기한이 정해져 있어야 훨씬 강한 동기가 생긴다.

6. 누구의 목표인가? 누가 만든 목표인가?: 위의 다섯 가지 요소를 충족하더라도 자신의 목표로 받아들이느냐가 중요하다. 아무리 훌륭한 목표라도 스스로 받아들이지 않으면 필요 없지 않은가. 자신에게 주어진 목표를 받아들이려면 스스로 목표를 세워야 한다. 다른 사람이 정해주는 목표로는 동기부여가 되지 않는다.

새로운 일을 하려고 하면 반대하는 꼭 사람이 있다. 그들은 '너를 위하여 하는 말'이라는 단서를 붙인 후 온갖 부정적인 말을 쏟아낸다. 생각이 확고하지 않은 사람은 이 단계에서 포기한다. 필자가 책을 쓴다고 결심했을 때 일부 사람들은 "그 책이 팔리겠어?", "지금 그걸 해서 뭐해?", "같이 책 쓰기로 한 사람은 믿을 수 있는 사람이야? 사기 당할 수도 있어", "직장 다니며 책을 쓸 수 있겠어?", "애들은 안 챙기나?", "지금 하는 일도 많은데 할 수 있을까?"라고 말했다. 또 다이어트를 한다고 했을 때도 "운동해도 먹으면 또 찌더라", "살이 통통한 사람들이 인상이 좋아 보여. 살을 빼니까 없어 보여", "돈은 얼마나 냈니? 넌 돈 많아서 좋겠다"라며 비아냥거렸다. 이런 사람들에 대해《결국 해내는 사람들의 원칙》에서 앨런 피즈와 바바라 피즈는 이렇게 말했다.

"꿈을 터놓을 상대를 신중하게 고르자. 나를 진심으로 응원하는 사람은 많지 않다. 나머지는 그저 궁금한 관중일 뿐이다."

목표를 정했다면 누가 뭐라고 하던 밀고 나가야 한다. 확고한 목표는 강한 정신력을 준다. 성공한 사람을 보라. 목표가 없는 사람이 있던가. 역사의 주인공들은 모두 목표가 있는 삶을 살았다. 그들 모두는 확고한 목표를 세우고 차곡차곡 목표 달성에 성공한 사람들이었다.

11
행동 계기를 만들자

언제 어디서 무엇을 할지 정하자

결심해도 자꾸 흔들려 제대로 지키지 못한다면 '행동 계기'를 만들어보자. 방아쇠를 당기면 총알이 나가듯, 행동을 개시할 계기를 만들어두면 유혹을 이기고 성과를 높일 수 있다. 일을 자꾸 미루거나 힘든 일에 쉽게 포기하는 편이라 좋은 성과를 내지 못하는 사람이라면 3W를 활용할 필요가 있다.

언제(When), 어디서(Where), 무엇을(What) 할지 사전에 정해 놓기만 해도 미루는 습관을 극복할 수 있다. 이는 '나는 집에 오면 1시간 공부하고 교복을 벗겠다' 같은 것이다. 3W를 미리 정해 놓으면 실행 가능성이 높아진다. 미루는 습관이 나오는 이유는 그 일이 싫기 때문이다. 즐거운 일이라면 미룰 이유가 없다. 학생이 숙제를 미루거나 운동을 미루는 것은 흔한 일이다. 이때 미루는 습관을 고치려면 해야 할 만한 '방아쇠'를 만들면 유리하다. 예를 들어 체중 조절을 위해 운동을 하기로 마음먹었는데 자꾸 미루는 중이라면 '집에 오면 바로 운동복으로 갈아입고 운동을 나간다'처럼 행동 계기를 만드는 것이다.

골비처와 그의 동료 베로니카 브랜드스태더는 방아쇠를 당기는 것과 같은 행동 계기를 만들면 행동에 동기를 부여하는 데 매우 효과적이라는 사실을 발견했다.[13] 한 연구에서 그들은 크리스마스이브를 어떻게 보냈는지 리포트를 제출하면 추가 점수를 부여하겠다고 말한 후, 수업에 참여하는 수강생들의 행동을 조사했다. 여기에는 함정이 하나 있었다. 점수를 더 받으려면 리포트를 12월 26일까지 제출해야 한다는 점이었다. 많은 학생이 리포트를 쓰려고 했지만 겨우 33퍼센트만이 시간을 내서 리포트를 제출했다.

그는 이 연구에서 한 그룹의 학생들에게는 행동 계기를 설정하도록 했다. 즉, 정확히 언제 어디서 리포트를 쓸 작정인지 미리 적어두게 한 것이다. 예를 들면 "나는 크리스마스 아침, 모든 이들이 아직 잠에서 깨어나기 전에 아버지의 사무실에서 이 리포트를 작성할 것이다"와 같이 말이다. 그러자 그 그룹 학생들의 75퍼센트가 리포트를 제출했다. 사소한 정신적 노력을 기울인 것치고는 놀랄 만한 결과였다.

그렇다면 무언가를 하려는 시간과 장소를 '상상하기만' 해도 실제로 그 행동을 할 가능성이 크다는 얘기일까? 그렇기도 하고, 아니기도 하다. 행동 계기가 있어도 진심으로 하고 싶지 않은 일은 끝내 하지 않을 수도 있다. 대학생들은 행동 계기를 가지고 있더라도 크리스마스에 열린 온라인 미적분 캠프에 참여하지 않을 수도 있다. 그러나 추가 점수 연구에서 입증된 것처럼 '스스로도 해야 한다고 생각하는 일을 하도록' 동기를 부여하는 데는 큰 영향력을 발휘한다. 피터 골비처는 행동 계기의 가치는 '사전에 결정을 내리는 것'에 있다고 주장했다.

이 사례를 통해 우리는 사전 결정의 개념을 파악할 수가 있다. 골비처의 연구에 참여한 대학생 중 한 명이 되었다고 상상해보자. 크리스마스 기간에 당신은 집에 있다. 부모님이 따뜻하게 대해 주시고, 형제자매들과는 재미난 대화를 나누고 있다. TV가 켜지고 크리스마스트리에 불이 들어온다. 나이 든 치와와 프레도가 다정한 눈빛으로 당신을 바라본다. 속을 채운 칠면조, 피칸 파이, 초콜릿 트뤼플 등 먹을거리도 빼놓을 수 없다. 또한 기타 히어로 게임도, 낮잠도, 고등학교 동창들에게 걸려오는 전화도 있다. 온 사방에 주의를 산만하게 하는 것뿐이다. 추가 점수를 받기 위해 리포트를 쓰겠다고 사전에 구체적 결심("나는 크리스마스 아침, 모든 이들이 아직 잠에서 깨어나기 전에 아버지의 사무실에서 이 리포트를 작성할 것이다"와 같은)을 하지 않은 상태에서 이 '온갖 자극의 뷔페' 속으로 걸어 들어간다면 그대로 침몰하고 말 것이다.

행동 계기에 예상 밖의 가치가 담겨 있는 것은 바로 이 때문이다. 골비처는 행동 계기가 '주의를 끄는 유혹과 나쁜 습관, 경합하는 여러 목표 사이에서 처음 목표를 보호하는' 역할을 한다고 주장했다.

또한 골비처는 행동 계기가 사람들이 극히 어려운 상황에 처했을 때 특히 유용하다는 사실을 증명했다. '쉬운' 목표에 도전한 이들과 '어려운' 목표에 도전한 이들의 성취율을 분석한 연구에서 쉬운 목표의 경우 행동 계기를 이용해도 성취율은 78퍼센트에서 84퍼센트로 조금밖에 상승하지 않았다. 하지만 어려운 목표에 도전한 이들은 행동 계기를 이용하자 성취율이 3배 가까이 상승했다. 목표를 완수한 이들의 비율이 22퍼센트에서 62퍼센트로 치솟았다.

행동 계기의 효과

행동 계기가 어려운 상황에 처한 사람들을 어떻게 돕는지 확인하기 위해 고관절 치환술이나 무릎관절 치환술을 받은 환자들의 연구를 살펴보자. 환자들이 평균 연령은 68세였으며, 수술을 받기 전 통증을 경험한 기간은 평균 1년 반 정도였다. 초기에는 수술을 받기 전보다 오히려 모든 것이 더 불편했다. 수술의 대가로 환자들은 목욕을 하거나 잠자리에 들거나 심지어 자리에서 일어서는 것과 같은 일상적인 활동을 하는 데도 도움이 필요했다. 회복에 이르는 길은 길고도 고통스러웠다. 물론 빨리 낫기를 바라는 간절한 바람은 어느 환자나 마찬가지였지만, 그중 한 그룹을 선택하여 행동 계기를 설정하도록 했다. 예를 들자면 이런 것이었다.

"만약 이번 주에 산책을 나간다면, 언제 어디로 갈 계획인지 적어

주세요."

결과는 놀라웠다. 평균적으로 행동 계기를 세운 환자들은 3주 만에 혼자서 목욕을 할 수 있었다. 다른 환자들은 7주가 걸렸다. 행동 계기 그룹의 환자들은 3.5주 만에 일어섰다. 반면 다른 환자들은 7.7주가 걸렸다. 딱 한 달이 지나자, 행동 계기 그룹의 환자들은 스스로 차에 타고 내릴 수 있게 되었다. 다른 환자들은 2.5개월이 걸렸다. 골비처는 행동 계기의 본질이 '즉각적 습관 만들기'라고 말했다. 습관은 자동적으로 행동을 유발하는데, 이것은 바로 행동 계기의 역할이기도 하다. 행동 계기는 진짜 일하기 싫은 때나 어려운 목표에 도전할 때, 유용하게 써먹을 수 있다는 것을 명심하자.

이처럼 언제 무엇을 하겠다고 미리 정해 놓으면 자이가르닉 효과를 예방할 수가 있다. 자이가르닉 효과는 끝마치지 않은 일이 계속 머릿속에 떠오르는 현상을 말한다. 이게 뭐 별것이냐고 할 사람도 있겠지만 집중력을 떨어뜨린다. 생각해보라. A 프로젝트를 수행하고 있는데, 완성하지 못한 채 나중에 하겠다고 미뤄둔 B프로젝트가 머릿속에 자꾸 떠오른다면 집중력이 분산되지 않겠는가.

3W 효과를 보여주는 실험 하나를 더 살펴보자.[13]

연구자들이 실험 참가자에게 자기 삶에서 중요한 프로젝트를 생각해보라고 했다. 어떤 이들에게는 최근 끝낸 임무를 적도록 했다. 또 다른 이들에게는 아직 완성하지 못했지만 곧 끝마쳐야 할 일을 쓰도록 했다. 세 번째 집단에게는 완성하지 못한 임무를 적고, 그 일을 어떻게 마칠 것인지 구체적인 계획을 세우도록 했다.

그런 후 서로 상관없어 보이는 다음 실험 단계로 넘어갔다. 모든 참가자에게 어떤 소설의 첫 장부터 10쪽까지 읽는 과제를 준 것이다. 연구자들은 이들이 책을 읽는 동안 얼마나 집중하는지 주기적으로 점검했다. 그런 다음, 집중을 얼마나 잘했는지 물어보고 만약 소설에 집중하지 못했다면 구체적으로 어떤 생각을 했는지 물었다. 또한 그들이 읽은 내용을 얼마나 잘 이해하고 있는지도 질문했다.

계획을 세운 사람들은 확실히 다른 결과를 가져왔다. 완성하지 못한 과제를 대충 적기만 한 피실험자들은 과제를 완성하기 위해 구체적인 계획을 적은 피실험자들에 비해 소설에 대한 집중력이 많이 떨어졌다. 구체적인 계획을 적은 피실험자들은 상대적으로 마음의 흐트러짐이 덜했고, 이후 소설 내용을 얼마나 이해했는지 알아본 시험에서도 매우 좋은 점수를 받았다. 과제를 끝마치지도 못하고, 일에 대한 진전이 없었음에도 계획을 세우는 단순한 행동 하나만으로 마음이 정리되고 자이가르닉 효과가 사라진 것이다. 하지만 계획을 세우지 않는 참가자들에게는 자이가르닉 효과가 계속 남아 있었다. 이들의 마음은 소설에서 끝마치지 못한 임무로 이어졌고, 소설 내용을 파악하기 위한 나중 시험에서도 좋은 성적을 받지 못했다.

자이가르닉 효과는 무의식이 의식에게 계획을 세우라고 요구하는 현상이다. 스스로 계획할 수 없는 무의식은 그 대신 의식에게 구체적인 시간과 장소 그리고 기회에 대한 계획을 세우라고 요구하는 것이다. 일단 계획을 세우면 무의식은 의식을 더 이상 채근하지 않는다. 따라서 완성하지 못한 일이 있다면 그 일을 언제 하겠다고 명시해 놓아야 한다. 그래야 머릿속이 우왕좌왕하지 않는다.

12

끊어야 할
목록을 만들자

버리는 것도 중요하다

무엇을 해야겠다는 계획도 중요하지만 때때로 하지 말아야 할 목록을 만드는 것도 도움이 된다. 우리를 자극하고, 충동질하며, 몰입과 끈기를 방해하고, 열정을 식게 만드는 것들을 구체적으로 적는 것이다.

우리가 일상적으로 보는 나무는 이파리에서 흡수한 공기 중 이산화탄소와 뿌리에서 끌어올린 물과 태양이 내리쬐는 햇볕으로 영양분을 만든다. 광합성 작용을 하는 것이다. 나뭇잎이 푸른 이유는 엽록체 때문인데, 이 엽록체에서 광합성이 일어난다. 광합성은 강한 빛을 받을수록 그 양이 증가한다. 겨울이 오면 빛의 세기가 약해져 나뭇잎은 더 이상 광합성 작용을 하지 못한다.

이때 나무 입장에서 보면, 영양분을 만들어내지도 못하면서 영양

분만 축내는 나뭇잎은 더 이상 필요 없는 존재가 된다. 따라서 나무는 이제 부득이 생존을 위해 나뭇잎을 버려야 한다. 지금까지는 생존을 위해 필요했지만, 상황이 변화면 바꿔야 하는 것이다.

사람도 마찬가지다. 때로는 과감히 버려야 할 것이 있다. 여러분은 어떤 사람인가? 결심과 계획을 잘 실천하는 사람인가? 아니면 자주 포기하는 사람인가? 중요한 계획을 세우고도 다른 일 때문에 실패한 적은 없는가? 여러분 인생에서 '이것'만 버리면 지금보다는 낫겠다고 생각하는 것이 있는가?

율곡 이이는 '자경문(自警文)'을 만들어 놓고 실천했다. '자경문'이란 스스로 경계하고 조심하는 글이다. 율곡 이이가 평생 이루어야 할 모습을 정하고, 마음을 바로잡으려고 적은 글이다. 그 내용은 다음과 같다.

1. 목표를 크게 가진다.
2. 말을 적게 한다.
3. 마음을 안정되게 한다.
4. 혼자 있을 때에도 몸가짐이나 언행을 조심한다.
5. 옳고 그름을 알기 위하여 독서를 한다.
6. 재물과 명예에 관한 욕심을 경계한다.
7. 해야 할 일에는 정성을 다하고, 하지 말아야 할 일은 단호히 끊는다.
8. 정의롭지 않은 일은 절대 하지 않는다는 마음을 가진다.

9. 누군가 나를 해치려고 한다면 스스로 반성하고 그의 마음을 돌리게
   한다.
10. 밤에 잘 때나 병이 든 때가 아니면 절대로 눕지 않는다.
11. 공부를 게을리하거나 서두르지 않는다.

자경문 7번을 한 번 보자. 율곡은 하지 말아야 할 일은 단호히 끊어버렸다. 좋은 성적을 내려면 해야 할 일을 실천하는 것도 중요하지만, 하지 말아야 할 일을 단호하게 끊는 자세도 중요하다. 하지 말아야 할 일은 여러분이 가는 길을 방해한다. 영양가 없는 쓸데없는 짓이다. 여러분이 얼마나 많은 시간을 의미 없이 보내는지 알아보는 방법은 간단하다.

시간 사용 내역서를 작성해 보자

하루 24시간을 1시간 단위로 무슨 일을 하며 보내는지 아래 '시간 사용내역서'를 3일만 적어보자. 그리고 나서 시간을 어디에 사용했는지 통계를 내보자. 먼저, 중요한 일도 아니고 꼭 해야 할 일도 아닌 쓸데없는 일을 하며 낭비한 시간은 얼마나 되는지 더해보자. 텔레비전 시청, 게임, 지나친 취미활동 등이 여기에 포함된다. 이런 일은 적을수록 좋다.

<시간 사용 내역서>

시간	(월 일)	(월 일)	(월 일)	(월 일)
5				
6				
7				
8				
9				
10				
11				
12				
13				
14				
15				
16				
17				
18				
19				
20				
21				
22				
23				
24				
01				
02				
03				
04				

여러분은 어디에 시간을 투자하고 낭비하는가? 무엇을 해야겠다는 계획도 중요하지만, 시간 낭비를 줄이려면 때때로 하지 말아야 할 목록을 만들어봐야 한다.

미국의 경영 컨설턴트로 베스트셀러 《좋은 기업을 넘어 위대한 기업으로》를 쓴 짐 콜린스(Jim Colins)가 대학원을 다닐 때의 일이다. 교수 한 분이 그를 보며 이렇게 말했다.[14]

"자넨 그저 바쁘게 살고 있을 뿐, 정리된 삶을 살고 있지는 않은 것 같네."

그리고 이 교수는 콜린스에게 "어느 날 2,000만 달러를 상속받았는데 남아 있는 수명이 10년뿐이라면 어떤 식으로 행동을 바꾸겠는가?" 하고 물었다. 그러면서 무엇을 그만둘 것인지 물었다. 바로 이때 콜린스에게 아이디어가 탄생한다. 콜린스는 이것을 '그만두기 목록'이라고 부르며 1년에 한 번씩 새롭게 편집한다. 콜린스는 책에서 이렇게 적고 있다.

위대한 예술 작품은 마지막 부분에 무엇을 넣느냐 못지않게 무엇을 넣지 않느냐에 따라서 탄생한다. 어울리지 않는 것은 버려야 한다. 며칠 심지어 몇 년의 노력이 들어갔다고 해도 말이다. 이렇게 해야 진정으로 위대한 예술가가 될 수 있으며, 이상적인 그림, 교향곡, 소설, 기업, 그리고 가장 중요한 인생을 만들 수 있다.

이제 의지력을 방해하여 성과를 떨어뜨리는 방해꾼 목록을 만들어 보자. 예를 들면 이런 것이다.

- 독서를 하는 시간에는 핸드폰을 보지 않는다.
- 저녁 늦게 야식을 먹지 않는다.
- 친구가 하는 무리한 부탁이나 요구를 들어주지 않는다.
- 친구들과 함께 다른 친구를 험담하지 않는다.

이렇게 하지 말아야 할 일과 그만두어야 할 일 목록을 적어 눈에 잘 띄는 곳에 붙여 놓는다면 그것을 볼 때마다 경각심이 생길 것이다.

예지력

이치를 꿰뚫어 보는 능력

1

전략적으로
미래를 준비하자

대학교수가 딸을 농고에 보내려는 이유

대학교수가 딸을 농업고등학교에 보내려고 설득한다는 사실이 알려지며 관심을 끈 적이 있다. 조영태 서울대학교 인구정책연구센터장이야기다. 조 교수는 인구학 관점에서 10년 후부터는 농업 종사자가점점 줄어들 것이라고 내다봤다. 특히 현재 농업에 종사하는 대부분이 60대~70대 고령층이라는 사실을 생각하면 농업 종사자 절대 감소는 당연하게 들린다.

물론 조 교수가 말하는 미래 농업은 지금처럼 노동집약적 형태가아니다. 조 교수는 젊은 스마트 농부들을 길러내 농업 경쟁력을 높여야 한다며 미래 농업은 블루오션이라고 주장한다. 이런 주장을 자신의 저서 《정해진 미래 시장의 기회》[1]에서도 반복한다. 2.4퍼센트의 고령 농민이 전체 인구를 먹여 살리므로 특화한 교육으로 농업 인구의 재구조화가 시급하다는 것이다.

조 교수는 미래의 소비시장을 뒤흔들 8가지 인구 현상으로 초저출산, 만혼, 비혼, 도시 집중, 가구 축소, 수명 연장, 질병 부담 급증, 외국인 유입 축소를 들었다. 미래에는 지금까지는 없던 인구 집단이 생겨나고, 이들은 소비문화가 다르므로 새로운 시장을 창출한다는 것이다. 급격한 변화의 소용돌이 속에서 기회를 잡으려면 조 교수가 말하는 인구 변동을 면밀하게 살펴보며 전략적으로 미래를 준비해야 한다.

인구 현상뿐만이 아니다. 기술 개발도 변화를 불러온다. 특히 일자리 측면에서 가장 주목할 만한 사실은 '반복적이고 예측 가능한 업무'를 하는 일자리의 소멸이다.[2] 이런 직군에는 의사, 변호사, 건축가, 회계사, 전투기 조종사, 경찰, 부동산 중개인이 포함된다. 한결같이 오랜 기간 숙련이 필요한 일이지만, 인공지능을 따라가지는 못한다. 이 외에 약사, 자동차 운전기사, 재무 관리사, 보험 설계사, 경리, 비서, 가사 도우미 등도 모두 로봇으로 대체된다. 물론 지금 당장 닥치지는 않을 것이다. 윤리적인 문제, 법률적인 문제가 장애가 될 테고, 일자리를 잃지 않으려는 노동자의 저항도 있을 것이다.

19세기 초 영국에서 기계 파괴 운동이 일어난 적이 있다. 산업혁명으로 수공업자들은 기계에 일자리를 빼앗겨 몰락하였다. 수공업자와 노동자들은 기계가 몰락의 원인이라고 생각하여 기계를 파괴하였다. 그러나 도도한 흐름을 막지는 못했다. 인공지능의 발전은 반복적이고,

예측 가능한 일을 하는 기존 직업들을 서서히 잠식할 것이다.

부자들이 가진 '독립의 법칙'

자 그럼, 여기서 우리가 부러워하는 부자들은 어떻게 탄생했을까? 이것을 알아보는 것도 미래를 전략적으로 준비하는 데 보탬이 될 것이다. 토마스 J. 스탠리와 윌리엄 D. 댄코는 1973년 이후 줄곧 부자들을 연구해 왔다. 이들이 쓴 《백만장자 불변의 법칙》[3]을 보자. 저자들은 '어떻게 하면 부자가 될까?'를 질문하며 부자들을 살폈다. 저자들이 처음 조사한 것은 '부자 동네에는 어떤 사람이 사는가?'였다. 이들은 부자 동네에서 놀랍고도 흥미로운 사실을 찾아냈다. 고급 주택에 살고, 비싼 자동차를 타는 사람은 진짜 부자가 아닐 가능성이 크다는 사실이었다. 진짜 부자는 부자 동네에 살지도 않았다.

저자들은 1만 명이 넘는 부자를 조사하며 의외의 사실을 발견했다. 부자가 된 이유는 행운도, 유산도, 학력도 아니었다. 복권에 당첨된 적도 없고, 프로 운동선수가 되어 수십 억대 연봉 계약을 맺은 것도 아니며, 유명 가수나 배우도 아니었다. 부동산 투자나 주식 투자로 대박을 터트려 벼락부자가 된 사람들도 아니었다. 그런 방법으로 부자가 될 확률은 0.025퍼센트도 되지 않았다. 부자들이 지닌 공통된 특징은 소비 습관에 있었다. 이들은 우리 주변에 사는 평범한 이웃으로 꾸준히 돈을 벌고 재산을 모아 부자가 되었다.

억만장자 워렌 버핏은 60년째 같은 집에서 산다. 아침 식사 비용으로 3달러 17센트 이상을 쓰지 않는다. 세계 부자 순위 10위 안에 드는 페이스북 대표 마크 주커버그는 티셔츠와 청바지 차림에 소형차를 몰고 다닌다. 주커버그는 특히 같은 옷을 여러 벌 사는 것으로도 유명하다. 뭘 입을지 어떤 차를 탈지 고민하는 시간이 아까운 것이다. 글로벌 가구 기업인 이케아의 창립자 잉그바르 캄프라드는 이코노미석과 시내버스를 자주 이용하며 검소한 생활을 한다.

부자들이 부를 축적한 방식은 누구나 마음만 먹으면 할 수 있는 현실적인 것들이다. '절대 소득 이상의 돈을 소비하지 마라', '소득의 2배가 넘는 융자를 받아야 하는 집은 사지 마라', '부자 동네에 살수록 점점 재산은 줄어든다', '담배를 끊는 것만으로도 부자가 될 수 있다' 같은 작은 실천으로 부자가 되는 법칙들을 알려준다. 자수성가한 사람의 부자가 되는 핵심 법칙은 절제된 생활 습관에 있음을 알 수 있다.

또한 이 책은 몇 가지 '불변의 법칙'을 제시하는데, 필자들의 관심을 끈 것은 '독립의 법칙'이다. 진짜 부자들은 상류층이라는 사회적 지위를 과시하기보다 재정적 독립을 더 중요하게 생각한다는 사실이다. 여기서 '독립'이라는 단어에 방점을 찍자. 자신을 위해 일하는 사람이 남을 위해 일하는 사람보다 백만장자가 될 확률이 4배 더 높다는 조사 결과는 독립의 중요성을 강조한다.

미래의 리더로 성장하려면 재정적 독립뿐 아니라 정신적, 철학적 독립도 필요하다. 독립이 없으면 삶의 통제권을 잃게 된다. 전략적인 사람은 다른 사람을 추종하거나 시키는 일만 하지 않는다. 자기만의 생각으로 자신의 길을 간다. 모방을 넘어 지금까지 없었던 새로운 방법으로 문제를 해결한다. 자신의 인생을 남에게 통제당한다면 종속적인 삶이 된다. 과거 우리나라는 식민 지배 아래 일본의 통제를 받으며 지낸 시절이 있었다. 당시에 우리 민족은 이름이나 말까지 통제권을 잃어버렸다. 주도권을 완전히 상실한 것이다.

필자들은 청소년들이 한국이민사박물관이나 일본군위안부역사관을 꼭 방문하기를 권한다. 그곳에 가면 우리 선조들이 어떻게 삶의 통제권을 잃고 노예 같은 삶을 살았는지 알 수 있다. 한국이민사박물관은 인천에 있다. 말이 좋아 이민이지 지구 반대편에서 노예처럼 버텨낸 삶을 들여다보노라면 내 삶을 내가 주도하는 독립이 얼마나 소중한지 깨닫게 된다. 일본군위안부역사관은 경기도 광주에 있다. 일본의 전쟁범죄 행위를 고발하고, 피해자 할머니들의 명예 회복과 후손들에게 산 역사교육의 장으로 활용하고자 설립하였다. 필자들은 일본의 만행을 고발하는 목적보다는 왜 우리는 그런 수모를 당했는가 하고 반성하는 역사교육이 되기를 희망한다. 독립적 삶을 유지했다면 이런 일은 일어나지 않았을 것이다. 이런 독립적 삶을 살려면 미래를 전략적으로 준비해야 한다.

②
미래 전략,
역사에서 배우자

탁월한 리더는 전략적이다

세상은 빠르게 변하고 있다. 10년 전 이야기도 구닥다리로 치부되는 세상이다. 그런데 이제부터 2,500년 전 이야기를 하려고 한다. 오래된 역사에서 우리는 무엇을 배울 수 있을까?

《주역》은 모든 변화에 3가지 원리가 있다고 설명한다. 변역(變易), 간역(簡易), 불역(不易)이다. 변역은 세상 모든 것은 변한다는 뜻이다. 간역은 세상 모든 만물은 서로 연결되어 있어 변화를 단순화할 수 없다는 뜻이다. 불역은 변하지 않는다는 뜻이다. 세상은 빠르게 변하지만, 그래도 변하지 않는 게 있다. 그래서 우리는 역사를 배우는 것이다. 변화를 따라잡는 자세도 중요하지만, 절대 변하지 않는 것이 무엇인지 깨닫는 것도 중요하다.

시대를 막론하고 탁월한 리더에게 필요한 능력이 있다. 탁월한 리더는 전략적이다. 전략적인 리더는 질문의 수준이 높다. 질문의 수준이 높으면 생각의 수준이 높고, 실행의 수준도 높다. 생각의 수준이 높은 사람은 주도적이고 창의적이며, 상상력을 발휘한다.

지금부터 월(越)왕 구천을 만나볼 것이다. 그가 오나라와 치른 전쟁에서 패하고, 절망과 굴욕을 견디며, 착실히 미래를 준비하여 결국 승리하는 모습에서 배울 게 참 많다. 우리가 아는 오월동주(吳越同舟)와 와신상담(臥薪嘗膽) 고사의 주인공이기도 하다. 《사기》와 《춘추전국이야기》를 참고하여 이야기를 풀었다.

오나라(기원전 7세기 이전~BC 473): 중국 춘추시대의 나라. 지금 양쯔강 유역에서 번성한 나라다. 합려 때는 초나라를 공격하여 5전 5승을 거둘 만큼 강대해졌다. 그러나 합려는 그 무렵 융성하던 월왕 구천에게 패하여 죽고, 아들 부차가 원수를 갚았다. 부차가 그 기세를 이용하여 무리한 북진정책을 벌이다 월(越)나라의 공격을 받아 멸망했다.

월나라(기원전 6세기 이전~기원전 306년): 중국 춘추시대의 나라. 양쯔강 하류에 존재하던 나라로 오나라보다 남쪽에 위치했으며, 수도는 회계였다. 구천 대에 이르러 부국강병책을 시행했고, 오나라가 북진정책을 한 틈을 노려 오나라를 멸하였다. 월나라는 월왕 구천의 노력으로 춘추시대의 마지막 패자로서 위엄을 떨쳤다.

먼저 오나라가 월나라를 쳤다. 월왕 구천은 오나라와 싸워 승리를 거두고 오왕 합려의 손가락에 상처를 입혔다. 합려는 손가락 상처가 원인이 되어 죽을 때 태자 부차에게 반드시 월나라에 원수를 갚으라고 유언했다. 부차가 왕이 되어 전쟁 준비를 한다는 말을 들은 구천은 선수를 치지만 오히려 대패하여 오나라에 항복한다. 이때부터 구천은 오나라로 들어가 굴욕적인 생활을 시작한다. 부차가 탄 수레를 끄는 말의 고삐를 잡았다. 그렇게 부차의 종으로 3년을 살다 천신만고 끝에 월나라로 돌아온다.

구천왕의 미래를 향한 전략

구천은 월나라로 돌아와서 고심했는데, 앉은 자리에는 항상 쓸개를 두고, 앉아 있거나 누워 있거나 항상 쓸개를 바라보았으며, 마시거나 먹을 때도 쓸개를 맛보았다. '와신상담'의 유래다. 그러고는 자신에게 이렇게 말했다.

"너는 회계산의 치욕을 잊었는가?"

오나라를 원망하고 부도덕을 욕하고 울분을 표현하는 것으로 끝났다면 우리가 구천에게서 배울 것이 없을 것이다. 구천은 전략적으로 백성을 이끌었다. 직접 밭을 갈아 농사짓고, 부인은 직접 길쌈질을 했으며, 음식으로는 고기를 먹지 않았고, 화려한 옷을 입지 않았으며, 몸을 낮추어 어진 사람에게 겸손하고, 손님을 후하게 접대하며, 가난한 사람을 돕고, 죽은 자를 애도하며 백성들과 더불어 수고로움을 함께 했다. 이런 자기희생적 리더십은 월나라를 아주 짧은 시간에 강국으로 만들었다. 신하들이 좋은 계책을 올리면 그대로 시행하면서 의심하거나 물러나지 않았다.

구천은 첫 번째로 인구 증가 정책을 시행했다. 당시 구천이 다스리는 영역은 너비가 40킬로미터를 넘지 않았다. 사방이 늪과 연못으로 둘러싸인 습지라 수도 근처에서 토지정책을 시도할 엄두도 나지 않았다. 그러나 남방은 벼를 심고, 사철 물고기를 잡을 수 있으며, 또 풀이 무성하니 개나 돼지 같은 가축을 키우기에 좋았다. 그는 땅이 작은 것을 인구로 보충하여 국력을 키우는 정책을 계획했다. 이에 구천은 백성들을 모아 놓고 선포했다.

"내가 듣기로 훌륭한 왕이 있으면 사방에서 백성들이 몰려드는 모습이 마치 물이 아래로 향하는 것과 같다고 합니다. 지금 나는 그런 능력이 없으니 장차 여러분과 함께 인구를 늘리고자 합니다."

사방에서 사람들이 몰려들지 않으면 내부에서 아기를 많이 낳아 인구를 늘리겠다는 발상이었다. 그리고 다음과 같이 명했다.

- 젊은 남자와 나이든 여자의 결혼을 금한다.
- 늙은 남자와 젊은 여자의 결혼을 금한다.
- 여자가 17세가 되어도 결혼하지 않으면 부모가 죄를 받는다.
- 남자가 20세가 되어도 결혼하지 않으면 부모가 죄를 받는다.
- 장차 출산하려는 이가 관에 고하면 관의 의사가 가서 분만을 지킨다.

- 아들을 낳으면 술 두 병에 돼지 한 마리, 딸을 낳으면 술 두 병에 개 한 마리를 준다.
- 세쌍둥이를 낳으면 관에서 보모를 붙여주고, 쌍둥이를 낳으면 관에서 양식을 대준다.
- 장자가 죽으면 3년 동안 부세를 면하고, 나머지 아들이 죽으면 3개월간 부세를 면제한다.

구천의 명령은 간결하고 실질적이다. 아이를 낳으면 국가가 책임지고, 젊은이가 죽으면 국가가 같이 슬퍼한다는 것이었다. 결혼하라, 아이 낳아라, 아들딸을 가리지 마라, 많이 낳아라, 그러면 국가가 보살피겠다고 한 것이다. 그는 "젊은이를 존중하고 보살펴라. 젊은이는 국가의 동량이다"라며 젊은이가 죽으면 국가가 슬퍼하고, 반드시 가서 자기 자식처럼 묻어주었다. 출산은 물론 어린이 복지에도 힘을 기울여 편부, 편모, 병자, 극빈자 가정의 아이들은 관에서 거둬들여 키웠다. 가히 전면적인 아동복지 정책이었다.

인구 증산을 위한 정책을 발표한 후 구천은 자기 자신을 연마했다. 뛰어난 선비가 있으면 의식주를 모두 제공하고 그들에게 배우며, 외국에서 뛰어난 인사가 찾아오면 찾아가 예로 대했다. 구천은 배에 쌀을 싣고 다니면서 떠돌아다니는 젊은이들을 보면 반드시 배불리 먹이고 마시게 하고 꼭 이름을 물었다. 자기가 씨 뿌린 것이 아니면 먹지 않고, 자기 부인이 베를 짜서 만든 옷이 아니면 입지를 않고, 10년 동안 백성들에게 부세를 걷지 않으니 백성에게 3년치 양식이 남게 되었다. 이렇게 준비를 마친 구천은 기회를 살피다가 오나라를 공격하여 단번에 멸했다.

이 역사의 격랑 속에서 구천이 무엇을 잘했는지 들여다보자. 구천은 굴욕스러운 상황을 극복하려고 몸부림쳤다. 우리가 배울 교훈은 쓰러진 그 자리에서 전략적으로 목표를 설정하고, 결국 목표를 이루었다는 사실이다. 구천은 쓰러졌을 때 변화를 위한 중대한 결심을 했다. 변화를 목전에 두고 일어날 수 있는 수많은 상황을 생각한 후, 할 수 있는 최선을 선택했다.

오나라 말을 잘 따르고, 그들의 문화를 모방하며 사이좋게 지내려 했다면 시련도 없었을 것이다. 그러면 월나라 스스로 힘을 기르거나 약점을 보완하는 노력도 하지 않았을 것이다. 오나라를 원망하고 그들의 부도덕을 욕한들 상황은 바뀌지 않았을 것이다. 굴욕스러운 삶을 지속했을 것이다. 주도권을 잡으려는 열강의 틈에서 결국 구천은 미래를 내다보는 전략으로 부국강병을 이뤄낸 것이었다. 이제 개인 차원에서 나는 어떻게 전략적으로 미래를 준비해야 하는지 생각해 보자.

3

꼼꼼한 전략이
목표 달성을 가져온다

목표와 치밀한 전략

2023년 12월 필자가 담당하는 미술 동아리 학생인 수지에게서 문자 하나가 도착했다.

"선생님 저 홍대 붙었어요. 선생님 덕분에 붙은 것 같아요. 감사합니다. 실기 준비했던 자료들 선생님 모두 드릴게요."

행복했다. 이런 때가 교직에 보람을 느끼는 순간이다. 수지는 홍익대학교 미술대학교 서울캠퍼스 학교생활우수자 전형에 합격했다. 선생님 덕분이라고 했지만, 필자는 수지가 고등학교 생활 3년간 치밀하게 준비해 온 결과라고 생각한다. 수지는 입학 첫날부터 눈빛이 달랐다. 긍정적인 마음가짐, 무엇이든 열심히 하려는 의지, 미술 분야에서 최고가 되겠다는 목표가 있었다.

2021년 첫 번째 미술 수업 시간이었다. "미술부장 희망하는 학생 있을까요?"라고 학생들에게 물었다. 수지가 가장 먼저 손을 번쩍 들었다. 미술부장을 하겠다는 확고한 의지가 보였기에 학급 친구들은 그녀와 경쟁할 생각도 하지 않았다. 그렇게 단일 후보로 미술부장이 된 후에는 수업 시간 5분 전에 항상 교무실로 찾아와 미술실 문을 열어두었으며, 그리기를 힘들어하는 친구들에게는 그림 그리는 방법을 친절하게 가르쳐 주었다.

수업 태도에서 가장 인상적인 부분은 수지의 질문 방법이었다. 일반적인 학생들은 "선생님 다 했어요! 이제 쉬어도 되나요?"라고 질문하는데, 수지는 "선생님 어디를 더 수정할까요?"라고 물으며 부족한 부분을 파악하고 보완하려는 자세가 훌륭했다. 이런 열린 질문으로 수지는 끊임없이 발전해 나갔다.

동아리 활동 시간이었다. 필자는 매년 동아리 활동 시간에 학생들이 하고 싶은 활동을 직접 기획하도록 유도한다. 학생들은 자신이 희망하는 미술 활동을 제안하고, 동아리 회의를 통해 1년 동안 활동할 연간계획표를 직접 작성한다. 이때 수지는 자유 창작활동, 미술관 탐방, 미술 독서 활동, 협동 작품 같이 원하는 미술 활동을 적극적으로 제안했다. 동아리 수업을 시작하면 주변 친구들이 떠들며 수업을 방해해도 흔들리지 않고, 미술작품 제작에 집중했다.

수지는 동아리 시간과 미술 시간뿐만 아니라 다른 교과 시간에도 자신의 꿈과 연계한 활동을 했다. 영어 시간에 자신의 진로를 발표하는 글을 쓰라고 하면, 당연히 미술을 주제로 영작을 했고, 과학 시간에 환경을 주제로 수행평가를 할 때는 버려지는 쓰레기를 미술작품으로 재탄생시키는 업사이클링 미술을 주제로 활동을 기획했다. 고등학교에서는 국어, 영어, 수학, 통합과학, 통합사회, 역사 등 다양한 과목을 배우지만, 수지는 모든 과목을 미술과 연계하였다.

최고가 되겠다는 목표를 세우자

고등학교 2학년 때 수지는 교내 미술 동아리를 총괄하는 회장을 맡았다. 고등학교에서 2학년은 고등학교 생활의 꽃이다. 1학년 때 자신에게 부족한 활동들을 채우며, 자신의 기량을 마음껏 펼치는 최고의 시기다. 수지는 교내 전시 공간에 작은 전시회를 기획했다. 미술 수업 시간에 완성한 결과물과 동아리 시간에 한 자유 창작 작품과 협동 작품을 교내 예술 공감터에 전시했다. 교사와 학생들의 반응은 매우 뜨거웠다.

가끔 필자가 개인적인 일로 피곤해할 때나 다른 업무로 미술 동아리 활동에 관심을 주지 못할 때는 먼저 찾아왔다. "미술 동아리 전시 언제 시작할까요?", "저 이런 활동을 하고 싶습니다"라는 말을 건넸다. 오히려 내가 수지의 말에 힘을 얻어 "그래 시작해야지", "오늘부터 다시 시작하자"고 답하며 지도할 수 있었다.

고등학교 3학년은 교과 수업에 미술이 없다. 게다가 고등학교 3학년은 거의 동아리 활동을 하지 않는다. 대학 입시에 매우 중요한 수학 능력시험을 앞두고 있어 고3 학생들은 동아리 활동 시간에 수능 공부를 하기도 한다. 하지만 수지는 미술 동아리 시간에는 미술 활동에 집중했다. 고3 때도 미술관 탐방과 미술 독서 등 전공과 관련된 중요한 활동은 빠지지 않고 했으며, 수능 공부도 손에서 놓지 않았다.

하지만 그런 수지에게도 위기가 닥쳤다. 수능 3개월 전 계단에서 넘어져 골절상을 입은 것이다. 한 달간 등교를 하지 못했다. 실기와 공부 모두 쉴 수밖에 없었다. 그러나 고등학교 1학년부터 치밀하게 준비한 학교 활동과 탄탄한 실력이 있었기에 수지는 위기를 극복할 수 있었다.

다음은 수지와 나눈 이야기를 정리한 것이다.

김수지(2024년 홍익대학교 회화과 입학)

무엇을 준비했나?

순수미술과 진학을 큰 목표 삼아 비실기, 실기 전형의 입시를 준비했다. 수시로 대학을 가려는 마음이 컸기에 내신 관리에 많은 힘을 쏟았으며, 최대한 다양하고 질 높은 활동으로 생활기록부를 채우고자 노력했다. 수시 실기시험이 가까워질수록 실기 준비와 수능 준비에 전념했으며, 수능이 끝난 후에는 미술사와 작가들을 공부하며 면접을 준비했다.

어떻게 준비했나?

내신을 준비할 때는 공부한 내용이 수능 시험에까지 도움이 될 거라고 생각하며 이왕 하는 김에 제대로 해보자는 마음으로 최대한 지엽적인 부분까지, 오래 기억에 남기는 것을 목표로 공부했다. 생활기록부 활동을 채우는 것에서 오히려 애를 먹었는데, 각 과목 수업마다 미술과 연관 지어서 발표를 진행하고, 제작한 작품들을 전시하고자 했으며, 최대한 흔하게 볼 수 없는 활동들을 하고자 노력했다. 또한 생활기록부에 교내 미술 동아리 '아트온'에서 부장을 맡아 진행한 활동들이 정말 도움이 되었다. 단순히 동아리 활동 칸을 채우는 것 외에도 무슨 활동을 하는 것이 좋은지, 어떤 책을 읽는 것이 좋은지 등과 관련해서 동아리 선생님께 여러 가지 조언을 받은 게 큰 힘이 되었다. 실기 준비를 하면서는 '재수생들을 이길 수 있을까?', '내가 재능이 있긴 한 걸까?'라는 생각이 컸는데, 걱정을 하는 만큼 개인적으로 연습 시간을 최대한 많이 가지고 자신의 그림을 객관적으로 보고자 했다. 대단한 것을 해내려고 하기보다는 선생님의 조언을 바탕으로 그림에서 보이는 문제점들을 고쳐 나가는 데 집중했기에 실기에서 좋은 결과를 낼 수 있었다.

준비 과정에서 어려운 점은 무엇이었나?

성격이 내성적인 편이고, 생각을 입 밖으로 꺼내는 것을 좋아하지 않아서 면접 준비가 가장 어려웠다. 하지만 동아리 부장으로 활동하고, 교내에서 여러 전시와 발표를 준비하면서 말하는 것에 대한 두려움을 조금씩 고쳐 나갔다.

오래전부터 미술대학 진학이라는 목표를 세우고 준비했지만, 준비하는 동안 크고 작은 실패도 경험해보고 나보다 훨씬 재능 있다고 여기는 학생을 만나면서 열등감 때문에 어려움을 겪었다. 처음엔 자존심 때문에 오히려 더 당당하게 보이려고 노력하며 숨기기에 급급했지만, 교내 위클래스 선생님과 친구들, 여러 어른과 이야기하며 열등감이 자연스러운 감정임을 알았고, '열등감을 느낄 정도로 미술을 사랑하고 있구나!'라는 것을 깨달으며 문제를 해결했다.

후배들에게 하고 싶은 말은 무엇인가?

한 가지 목표를 세우고 노력하는 과정에서 모두 크고 작은 어려움을 겪으리라 생각한다. 하지만 수험 생활이 힘들다는 생각에 매몰되지 마라. '왜 나만 안 될까?'라는 생각을 하기보다는 해야 할 걸 하고 있다 정도로만 생각하시는 걸 추천한다. 전국 모든 학생이 같은 목표를 향해 나아가고 있고, 여러분의 힘듦은 특별하지 않다. 그리고 여러분 주변에는 좋은 말씀으로 힘이 되어주실 어른이 많다. 혼자 끙끙 앓기보다는 조금씩이라도 조언을 얻기 바란다.

올바른 판단을 방해하는
편견을 버리자

뇌 작동 시스템의 두 가지 방식

대니얼 카너먼은 자신의 책 《생각에 관한 생각》에서 인간의 두뇌 활동을 시스템1과 시스템2로 나누었다. 시스템1은 자동적이고 충동적이고 즉각적인 사고 과정을, 시스템2는 논리적이고 이성적이고 계산적이고 느린 사고 과정을 말한다.

예를 들어 어떤 사람을 보고 '사람이 좋다', '인상이 마음에 든다' 같이 첫인상으로 사람을 판단하는 것은 시스템1에 해당한다. 첫인상으로 사람을 가늠하는 일은 순식간에 일어난다. 이것은 그동안의 경험이나 지식을 종합하여 판단하는 것으로, 유용하고 편리할 때도 있지만 사람을 잘못 판단하는 원인이 되기도 한다. 사기는 사기꾼처럼 생기지 않은 사람에게 당하지 않던가.

시스템2는 결정을 내릴 때 좀 더 긴 시간이 필요하다. 27×45 같은 수학 문제를 푼다거나 결혼이나 취업을 할 때는 합리적으로 오랜 시간 생각해야 한다. 만약 인간의 뇌가 시스템2만 사용한다면 쓸데없이 많은 시간을 낭비할 것이다. 이것은 무엇보다 생존에 불리하다. 산길을 걷는데 앞에 곰 한 마리가 나타났다고 가정해 보자. 곰을 앞을 두고 도망가야 할 것인가, 싸워야 할 것인가를 심사숙고한다면 목숨을 부지하기가 어렵다. 이럴 때는 즉각적이고 반사적으로 줄행랑을 쳐야 생존에 유리하다.

인간의 뇌가 시스템1에 따라 작동하는 이유를 포도당에서 찾는 학자들도 있다. 뇌는 많은 에너지를 소비한다. 혈액은 심장에서 우리 몸으로 흘려보내는 산소의 15퍼센트, 포도당의 75퍼센트 이상을 쓴다. 포도당은 생존에 중요한 에너지원으로, 뇌는 포도당만을 에너지로 사용한다. 뇌에 포도당 공급이 원활하지 않으면 인간은 살 수 없다. 우리가 고민스러운 문제로 머리를 많이 쓰면 골치가 아픈데, 이 현상은 포도당을 그만 쓰라는 경고인 셈이다. 많은 생각으로 에너지 사용이 증가하면 생존에 불리하기 때문이다.

인간은 뇌를 덜 쓰는 방향으로 진화했다. 자주 하는 행동, 여러 번 경험한 일을 크게 고민하지 않고 습관대로 처리하는 것은 모두 포도당과 관계있다. 이러한 이유로 시스템1이 진화해 왔지만, 이것 때문에 생기는 판단 착오도 많다. 시스템2를 사용하여 심사숙고할 문제를 너무 빨리 결정해 버려 종종 실수를 저지르기도 한다.

시스템1은 직관과 같다. 어떤 일을 오랫동안 경험한 사람은 초보자에게는 어려운 문제를 한눈에 척 해결하는 능력이 있다. 말콤 글래드웰은 《블링크》에서 전문가들이 어떻게 문제를 해결하는지를 잘 보여주었다. 경험이 많은 소방관이 어떻게 한눈에 위험을 직감하는지, 경험 많은 고고학자가 골동품의 진위를 어떻게 한눈에 알아채는지 말이다.

한국유방암학회는 '핑크 스크럽 캠페인'을 진행하고 있다. 많은 유방암 환자가 초기 발견을 목욕탕에서 하는 데서 착안한 운동이다. 병원도 아니고 목욕탕에서 어떻게 유방암을 알아낼까? 목욕관리사는 때를 밀며 자연스럽게 유방을 주무르게 되는데, 경험 많은 목욕관리사가 유방에서 멍울을 발견하면 정밀진단을 권하는 것이다. 시각장애인을 활용하여 유방암을 진단하기도 한다. 프랑크 호프만이라는 독일 의사는 촉각이 뛰어난 시각장애인 여성에게 유방암 분별 요령을 가르쳐 주고, 유방암 촉진 검사를 맡겼다. 일반 여성은 유방암 의심 덩어리를 1~2센티미터 되는 크기만 잡아냈는데, 시각장애인은 6~8밀리미터까지도 찾아냈다.

구두 닦기와 굽갈이를 오래 한 구두 수선공들은 손님 중 누구의 관절이 부실한지를 안다. 양쪽 무릎이 바깥으로 휜 '오(O)자형' 다리는 걸을 때 무릎 안쪽 연골이 잘 닳아서 퇴행성관절염에 잘 걸린다. 이들은 걸을 때 발뒤꿈치 바깥쪽이 땅에 세게 닿는다. 이들은 이에 따라 구두 굽 바깥쪽이 유난히 빨리 닳아 없어지는 사람이 퇴행성관절염에 잘 걸린다는 것을 경험으로 아는 것이다.

우리가 오판을 하는 이유

《블링크》에 나오는 아비 코난트의 사례는 우리가 왜 오판을 하는지 잘 보여준다. 아비 코난트가 직업 음악가로 첫발을 내디딜 무렵, 그녀는 이탈리아의 토리노 로열 오페라단에서 트롬본을 연주하고 있었다. 때는 1980년 여름, 그녀는 유럽 전역의 다양한 오케스트라에서 일자리를 찾아 열한 군데에 지원서를 냈다. 회신이 온 곳은 단 한 군데, 뮌헨 필하모니 오케스트라뿐이었다. 오디션은 뮌헨의 도이치박물관에서 열렸다. 오케스트라의 문화센터가 아직 공사 중이었기 때문이다. 지원자는 33명이었는데, 선발 위원회의 눈에 보이지 않도록 한 사람씩 장막 뒤로 가서 연주했다.

당시 유럽에서 장막 오디션은 드문 일이었는데, 장막 오디션을 택한 이유는 지원자 한 명이 뮌헨 오케스트라 단원의 아들이었기 때문이다. 코난트는 16번이었다. 코난트가 연주할 때 선발 위원들은 넋을 잃었다. 노련한 음악가들은 연주자가 실력이 있는지 없는지를 거의 순간적으로 알아챈다. 어떤 때는 처음 몇 마디만으로, 어떤 때는 첫 음 하나만으로도 알 수 있다고 한다. 그녀가 오디션 룸에서 나간 뒤, 필하모니의 음악 감독 세르주 첼리비다케가 소리쳤다.

"바로 저 사람이야!"

위원회는 오디션 차례를 기다리던 나머지 17명을 곧바로 집으로 돌려보냈다. 한 사람이 무대 뒤로 찾아와 코난트를 찾았다. 그녀가 오디션 룸으로 되돌아가 막 앞으로 걸어 나가자 바이에른 억양 특유의 탄성이 터져 나왔다.

"이게 뭐야? 젠장! 저런! 맙소사!"

그들은 코난트를 남자로 예상했는데, 눈앞에 여자가 나타난 것이었다. 그것은 좋게 말해도 어색한 상황이었다. 음악 감독 첼리비다케는 보수적인 지휘자로, 음악을 어떻게 연주해야 하는지 명확한 생각을 가진 오만하고 완강한 남자였다. 더욱이 이곳은 고전음악이 태동한 땅, 독일이었다. 당시 여자가 트롬본을 연주하는 것은 있을 수 없는 일이었다. 물론 뮌헨 필하모니에도 여자가 한두 명은 있었다. 여성적인 악기인 바이올린과 오보에 쪽이었다. 그러나 당시까지만 해도 트롬본은 남자 악기로 취급되고 있었다. 군악대에서 연주하는 악기였기 때문이다.

그 후 오디션이 두 차례 더 열렸다. 코난트는 두 번 다 승승장구 통과했다. 그러나 그녀는 첼리비다케와 다른 위원들이 갖고 있던 온갖 오래된 편견들과 다투어야만 했다. 결국 그녀는 오케스트라에 합류했지만 첼리비다케는 속이 탔다. 그렇게 한 해가 지났다. 1981년 5월 코난트는 회의에 불려나갔고, 그 자리에서 제2 트롬본 역할을 맡으라는 통보를 받았다. 이유는 없었다. 코난트는 1년 동안 검증을 받으며 다시 자신을 입증해 보였다. 하지만 소용이 없었다. 첼리비다케가 그녀에게 이렇게 말했다.

"문제가 뭔지 알지 않소. 솔로 트롬본에는 남자가 필요합니다."

코난트는 이 사건을 법정으로 가져갔다. 오케스트라 측은 이렇게 주장했다.

"원고는 트롬본 섹션 리더가 필수적으로 갖추어야 할 육체적 힘이 없습니다."

코난트는 코팅거 폐 클리닉에서 광범위한 검사를 받았다. 특수 장비를 불어보고, 혈액 표본을 채취해 산소 흡입을 측정하고, 흉부 검사도 받았다. 평균치를 너끈히 넘기는 수치였다. 간호사는 심지어 운동선수가 아니냐고 묻기까지 했다. 법원은 이 사건을 질질 끌었다. 오케스트라 측은 코난트가 모차르트의 '레퀴엠'에 나오는 유명한 트롬본 솔로 연주를 할 때 "호흡이 짧아 듣기 거북하다"고 주장했다. 연주를 지휘한 객원 지휘자가 코난트 하나만 찍어 칭찬했는데도 말이다. 심지어 한 트롬본 전문가 앞에서 특별 오디션까지 마련되었다. 코난트는 트롬본 레퍼토리 중 가장 까다로운 악절 7개를 연주했다. 전문가는 감동을 받았다. 하지만 오케스트라 측은 그녀를 믿을 수 없으며, 직업의식이 부족하다고 주장했다. 거짓말이었다. 결국 8년 후 그녀는 제1트롬본으로 복귀했다.

클래식 음악의 세계, 특히 유럽 본고장은 최근까지도 백인 남자들의 활동 영역으로, 여자는 남자만큼 연주할 수 없다는 믿음이 지배적이었다. 여자는 남자에 비해 힘도 약하고, 자세도 안 돼 있고, 특정 악기를 다룰 수 있는 탄력도 부족하다는 거였다. 여자는 입술도 다르고, 폐도 튼튼하지 못하며, 손도 남자보다 더 작았다. 그것은 편견처럼 보이지 않았다. 사실인 듯했다. 지휘자와 음악 감독이 오디션을 할 때면 언제나 남자 소리가 여자 소리보다 나은 것처럼 들렸다. 편견도 이런 편견이 없었다.

이처럼 때때로 우리가 경험한 많은 것들이 편견을 만들어내곤 한다. 경험 때문에 생각이 고정되어 세상을 보는 눈이 좁아지기 때문이다. 아비 코난트는 탁월한 실력을 갖추고도 편견에 사로잡힌 음악 감독 첼리비다케 때문에 큰 시련을 겪었다. 하지만 이를 이겨내고 결국은 제1 트롬본으로 복귀해 청중의 귀를 즐겁게 해주었다.

⑤
편견 없이
사고하자

신임 교사가 무능하다는 편견

한 고등학교에서 신규 남교사인 임지훈 선생을 1학년 담임으로 배정하였다. 임지훈 선생은 교장과 간담회를 할 때 너무 긴장하여 자신이 하고 싶은 학급경영 방법과 수업지도 계획에 관해 아무 말도 하지 못했다. 모든 업무를 실수 없이 처리하는 완벽주의자 교장에게 임지훈 선생은 몹시 불안해 보였다. 입학식 날 학생들은 설레는 마음으로 등교한다. 특히 '어떤 선생님이 우리를 기다리고 있을까?' 하는 마음으로 입학하는 학생과 학부모는 담임에 대해 궁금해 하며 큰 기대를 한다.

"안녕하세요. 올해 신규 발령을 받은 과학 교사 임지훈입니다. 첫 학교라 아무것도 모르지만, 최선을 다해 아이들을 지도하겠습니다. 잘 부탁드립니다."

하지만 담임이 인사를 할 때 학생과 학부모 얼굴은 싸늘했다.

"고등학교가 얼마나 중요한데 신규 교사를 담임으로 배정하나?"

"담임교사 배정을 너무 성의 없게 한 거 아니야?"

"학교 선생님들이 담임하기 힘드니까 신규 교사한테 미뤘구나!"

"신규 교사가 대학 입시에 관해 알기나 할까?"

여기저기에서 수군거리는 소리가 들렸다. 첫 수업 시간, 학생들은 배우려는 자세가 아니라 수업을 얼마나 잘하는지 감시자의 눈빛으로 교사를 바라보았다. 임지훈 선생은 너무 긴장을 해서인지 첫 수업에서 말이 제대로 나오지 않아 실수를 했다. 학생들은 역시 신규 선생님이라 수업을 못한다며 부모에게 전달했고, 학부모들은 학교로 찾아와 임지훈 선생을 담임으로 배정한 이유를 따져 물었다. 교장은 임지훈 선생을 불러 수업할 때 준비를 철저히 한 후 들어가라고 지도했다. 임지훈 선생은 교장에게 죄송하다는 말 외에는 아무 말도 하지 못했다.

사람은 누구나 실수를 한다. 학생은 경험이 부족해서 열심히 공부해도 실수로 문제 하나씩을 틀린다. 신규 교사는 첫 수업에 실수하고, 경력이 많은 교사는 자신이 다 안다는 착각으로 실수한다. 학부모도 자녀의 고등학교 입학이 처음이라 걱정이 앞서 차분히 기다려주지 못하고 실수한다.

보통 학기 초에 학생들과 학부모를 만나면 필자는 이렇게 인사한다.

"안녕하세요. 교직 경력 17년인 미술 교과 담당 정수진입니다. 고등학교 교사 경력 12년 정도, 중학교 교사 경력 5년 정도 됩니다. 저는 학교생활기록부도 잘 쓴다고 자부합니다. 제가 지도한 아이들이 명문대에 많이 진학한 사실이 제 말을 증명해줍니다. 또 제가 주로 한 업무가 생활지도라서 아이들 학교생활을 전반적으로 잘 지도할 수 있으니 자녀의 고등학교 생활은 믿어주셔도 좋습니다."

그러면 학생과 학부모는 환하게 웃으며 "선생님, 올 한 해 잘 부탁드립니다"라고 대답한다. 그렇다면 이 상황에는 어떤 편견이 숨어 있을까? 물론 필자가 신규 교사에 비해 학교생활기록부를 잘 쓰고, 위기 대처 능력이 뛰어난 것은 사실이다. 그것이 필자가 인정받는 이유이기도 하다. 그런데 담임교사에게 과연 대학 입시 정보, 수업 지도력, 생활지도 능력만 필요할까? 필자는 아니라고 생각한다.

임지훈 선생은 필자가 조금씩 잃어버리고 있던 '열정'으로 가득한 교사다. 사실 신규 교사의 열정은 그 누구보다도 뜨겁다. 임지훈 선생은 쉬는 시간이나 점심시간에 교무실에서 얼굴을 거의 볼 수가 없다. 열정이 가득해 학생들을 조금이라도 더 이해하려고 담임을 맡은 반교실에 머문다. 쉬는 시간에 학생들과 어울려 이야기하고, 학생 식당에서 아이들과 같이 밥을 먹는다. 가끔 점심시간에는 남학생들과 축구도 하며 친분을 쌓고 있다.

이렇게 아이들과 친밀관계를 형성하고 나니 이제 학생들은 교사의 실수를 탓하지 않는다. 이후에도 물론 실수를 안 한 것은 아니다. 학생들을 향한 열정과 사랑으로 인해 작은 실수쯤은 웃으며 넘길 수 있는 관계가 된 것이다. 또한 임지훈 선생 반은 학교 폭력도 없다. 교사가 항상 교실에 있으니 학생들이 싸울 수 있겠는가.

비교적 경력이 많은 나도 실수를 한다. 오랜 경험과 순발력으로 실수가 드러나지 않게 수습할 뿐이다. 신규 교사는 경험과 순발력이 부족하지만, 그들이 가진 학생을 향한 열정은 그 무엇과도 바꿀 수 없는 장점이라고 생각한다.

사실 교장이 임지훈 선생을 담임으로 배정한 이유는 그 학교 졸업생이었기 때문이다. 모교를 졸업하고 교사로 돌아온 사례이기에 좋은 본보기가 되기에 충분했다. 경험 부족을 보완하기 위해 경력 많은 교사도 짝꿍으로 배치하였다. 그 결과, 모르는 섯은 짝꿍에게 질문히며 첫 담임 임무를 훌륭하게 해냈다. 학기 초 학생과 학부모의 신중하지 못한 편견과 민원이 없었다면 그에게 아름다운 첫 교직 생활로 기억되었을 텐데 하는 아쉬움이 남는다.

여교사가 학생 생활 지도를 못 한다는 편견

필자는 여교사다. 키가 160센티미터도 안 된다. 작은 키에 살이 찌면 동글동글 굴러가는 감자처럼 될 것 같아 체중 관리를 열심히 하고 있다. 덕분에 내 체구는 더 작아 보인다. 요즘 웬만한 남자 고등학생은 키가 180센티미터도 넘고 체격도 크다. 최근 5년간 생활지도 업무를 계속 담당하고 있지만, 칠팔 년 전만 해도 키 작은 여선생이 아이들 생활지도나 제대로 할까 하는 편견에 해당 업무를 주지 않았다.

학교에서 학교 폭력과 생활지도 담당 업무는 교사들이 기피하는 업무지만 필자는 크게 개의치 않았다. 하지만 성별이나 겉모습으로 인해 제외를 당할 경우에는 아쉬움이 컸다. 키 작은 여교사는 남학생 생활지도를 못한다는 편견을 깨버리고 싶었다.

지금도 학생 생활지도가 물론 쉽지는 않다. 가끔 서서 대화를 하다 보면 키 큰 남학생들이 필자를 내려다보며 "제가 안 그랬는데요?"라고 할 때가 있었다. 그러면 필자는 올려다보며 "이런 증거가 있는데, 확실하니?"라고 되묻곤 했다. 그때마다 학생들 기에 눌리는 느낌은 어찌할 수가 없었다. 이제 필자는 학생 생활지도를 할 때 복도에 서서 이야기하지 않는다. 교무실이나 상담실에서 의자를 살짝 높이고 학생들과 마주 앉아 대화를 나눈다.

가끔 예의 없게 말하는 학생들과 단호한 대화가 필요할 때도 있다. 그럴 때면 학생은 의자에 앉혀두고, 필자는 일어선다. 눈높이만 바꿀 뿐인데도 효과는 매우 다르다. 사실 예의 없는 행동, 친구를 괴롭히는 행위, 학업 분위기를 방해하는 행위 같은 잘못된 행동에도 학생들은 저마다 이유가 있다. 교사가 싫어서, 친구가 싫어서, 공부에 집중하지 못해서 등 수백 가지 이유가 존재한다. 물론 이유가 있다고 해서 잘못된 행동에 대한 평가가 달라지는 것은 아니다. 다만 학교에서 누군가가 자신의 행동을 이해하는 것만으로도 학생들의 분노는 줄어든다.

"아. 지훈이는 친구가 뚱뚱하다고 놀려서 너무 화가 나 의자를 던졌구나. 나 같아도 그러고 싶은 마음이 들 것 같아. 그런데 그 방법 말고 다른 방법은 없었을까?"

필자는 이렇게 학생을 이해하는 방법으로 대화를 시도하고 학생 스스로 잘못을 느끼도록 유도한다. 때때로 학생이 너무 많이 화가 나 있을 때는 곧 수업 시작이니까 조금 더 생각해보고 점심시간에 다시 이야기하자며 잠시 대화를 멈춘다. 그러면 몇 시간 후 학생은 자기 행동을 돌이켜보고 이렇게 말한다.

"선생님, 차분히 생각해보니 저도 현명하게 대처하지 못한 것 같습니다. 죄송합니다."

"그래. 잘 생각했어. 그런 말을 들을 때 화가 나는 것은 당연해. 그러나 문제를 해결하는 방법은 너에게 달려 있어. 앞으로는 조금 더 성숙한 방법으로 해결하는 멋있는 사람이 되어 보자!"

이후 놀린 친구와 의자를 던진 친구 모두 서로 사과하여 학교폭력위원회가 열릴 뻔한 사고는 원만히 해결되었다.

경험과 사고방식의 경직은 오판을 낳는 원인이 된다. 정보를 수집하고 정보를 바탕으로 판단을 내리려면 많은 노력을 기울여야 한다. 그때 뇌는 많은 에너지를 사용해야 하니 피곤할 수밖에 없다. 그래서 우리는 어림짐작으로 평가한다. 오판을 하는 결정적인 이유다. 우리는 자신도 모르는 사이에 편견을 가진다. 이런 편견에 사로잡힌다면 상황에 따른 올바른 판단을 내릴 수 없음은 당연하다.

⑥
신중하게
관찰하자

관찰력이 왜 중요할까?

순찰차를 탄 두 명의 경찰관이 교통체증으로 도로에 멈춰 있었다. 짜증 낼 상황까지는 아니었다. 그들은 일상적인 순찰을 하던 중이었고, 그날 아침 별다른 일이 있던 것도 아니었다. 운전대를 붙잡고 있던 사람은 나이가 더 많은 쪽이었다. 신호등이 바뀌길 기다리던 중 젊은 경찰관이 뽑은 지 얼마 안 돼 보이는 앞에 있는 고급 승용차를 흘끗 쳐다보았다. 운전자는 담배 연기를 깊게 들이마셨다가 뿜어내고는 시트 위에 재를 떨었다.

"저거 보셨어요? 저 사람이 자기 차에 재를 떨었어요!"

젊은 경찰관이 큰 소리로 말했다. 그 경찰관은 자신의 눈을 믿을 수 없다는 듯 "저건 새 차인데 저 사람이 방금 그 차에다 재를 떨었다고요"라고 다시 외쳤다. 이것이 그 경찰관의 통찰이었다. 누가 새 차

안에 담뱃재를 떨겠는가? 만약 누군가가 그랬다면 그 차 소유주는 아닐 것이다. 당연히 친구에게 빌린 것도 아닐 것이고, 아마도 훔친 차라야 그럴 수 있지 않을까? 나이 든 경찰관은 그 상황을 이렇게 묘사했다.

"우리는 경광등을 켜고, 도난 차량을 추적하기 시작했어요. 끝내주는 관찰력 아닙니까? 그 친구가 영리하게 말을 해줘서 확 껴안아 주고 싶었어요."[5]

왕이 작은 나라를 정벌할 생각으로 사람을 보내 상황을 살펴보게 하였다. 정탐꾼이 돌아와서 보고하였다.

"정벌하기 어렵습니다."

왕이 이유를 물으니 정탐꾼이 말했다.

"성벽이 높고 해자(성 주위에 둘러 판 못)를 깊이 파서 방어 준비를 잘해 놓았습니다. 군량미도 충분히 쌓아 놓았습니다."

그러자 왕이 말했다.

"정벌할 좋은 기회다. 작은 나라가 식량을 많이 쌓아 놓았다면 이는 백성들에게 세금을 무겁게 했다는 뜻이니 백성들이 임금을 원망할 것이다. 성벽을 높이 쌓고 구덩이를 깊이 팠다면 백성들은 부역에 동원되어 탈진한 상태일 것이다."

그러고는 공격하여 손쉽게 정벌하였다.

앞의 두 이야기는 관찰과 눈썰미가 얼마나 중요한지 알려준다. 이처럼 남이 보지 못하는 것, 보이는 것 너머를 보는 능력이 관찰력이다. 비슷한 사례가 또 있다.

한나라 때는 북방의 흉노 침입이 잦아 골치가 아팠다. 왕이 흉노의 동태를 살피기 위해 사신을 보냈다. 흉노는 힘이 센 장정들과 살진 소와 말들을 숨기고 노약자와 여윈 가축만을 눈에 띄게 해두었다. 그 때문에 사신이 열 명이나 갔는데도 돌아와서는 모두가 흉노는 칠 만하다고 보고하였다. 왕이 이번에는 다른 사신을 보냈다. 그런데 이 사신은 돌아와 반대로 보고하였다.

"두 나라가 전쟁할 때는 자기편이 이로운 점을 자랑하려 듭니다. 그런데 신이 그곳에 도착하자 여위고 지쳐 보이는 노약자들만 눈에 띄었습니다. 그것은 틀림없이 군대를 숨겨 놓고 약점을 보여 승리를 취하려는 계략입니다. 신의 어리석은 생각으로는 흉노를 칠 수 없다고 생각합니다."

그러자 왕은 화를 내며 이 사신을 꾸짖었다.

"이 제나라 포로 녀석아! 입과 혀를 놀려 벼슬을 얻더니 이제 망언으로 우리 군대의 행진을 막을 셈이냐?"

그러고는 사신에게 칼을 씌워 옥에다 가둔 다음 계속 진군하였다. 흉노는 이 사신의 말대로 군대를 숨겨 놓고 한나라 군대를 포위하였다. 왕은 겨우 포위망을 벗어날 수 있었다. 한나라로 돌아와 왕은 사신을 풀어 주며 이렇게 사과했다.

"나는 그대 말을 듣지 않았기 때문에 욕을 당하였소. 앞서 흉노를 치자고 말한 열 명의 목을 모조리 베었소."

관찰력을 기르는 미술 수업

시인이며 예술 비평가인 허버트 리드는 관찰이 후천적으로 습득할 수 있는 기술이라고 주장했다. 그의 말에 따르면 원래 집중력이 뛰어난 사람, 선천적으로 관찰한 것을 잘 그려낼 수 있는 사람은 따로 있지만, 대부분 눈이나 다른 감각기관은 훈련할 수 있다는 것이다.

필자는 미술 시간에 첫 실기 수업으로 세밀화 그리기를 자주 진행한다. 일상에 있는 물건을 세밀하게 관찰하여 그리는 정밀 묘사, 식물의 특징을 꼼꼼히 살펴서 그림으로 그려내는 보태니컬 아트, 연필을 활용하여 자신이 좋아하는 연예인 얼굴 세밀하게 그리기 등 주제는 다르지만, 모두 섬세한 '관찰력'과 세밀한 묘사 능력이 요구되는 수업이다. 학생들이 A4 크기의 캔트지에 세밀화를 완성하는 데 필자가 계획한 시간은 6시간이다.

한 번은 식물을 섬세하게 그리는 보태니컬 아트 수업 시간의 일이다.

"자 이제 설명이 끝났으니 그림을 그려봅시다."

"사물을 자세히 관찰하고, 설명한 대로 색연필을 활용하여 채색하면 됩니다."

15분 후 한 학생이 손을 들고 말했다.

"선생님, 다 했어요! 저 너무 잘했죠? A 주세요."

"음. 조금 더 자세히 묘사해볼래?"

10분 후 그 학생이 다시 손을 들고 필자를 불렀다.

"선생님, 진짜 다 했어요. 저 정말 최선을 다했어요. 이번엔 정말 잘했죠?"

"조금 더 자세히 관찰해보자."

10분 후 같은 질문을 또 하고, 필자는 똑같은 대답을 또 했다. 필자가 계획한 6시간 중 5시간 정도 이와 같은 이야기를 반복하자 학생의 눈에서는 눈물이 맺혔다. "선생님 정말 이게 최선이에요", "아니, 넌 더 잘할 수 있어"라는 도돌이표가 계속되자 자신을 인정해 주지 않은 것 같아 눈물이 터진 것이다.

해바라기 꽃을 그리던 그 학생은 처음에는 평소 자신이 그리던 습관대로 연필로 쓱쓱 10분 만에 스케치하고 나서 다 했다고 말했다. 그러니 당연히 통과하지 못할 수밖에. 이후 다시 연필을 잡고, 지적을 받을 때마다 해바라기 꽃잎은 몇 개인지, 줄기는 어느 방향으로 휘어 있는지, 잎사귀는 어떤 모양인지, 잎사귀 안의 줄기는 어떻게 생겼는지 섬세하게 관찰해서 스케치하고, 채색할 때는 같은 노란색이지만 빛을 받는 부분은 밝게, 빛을 받지 않는 부분은 어둡게, 앞쪽 부분은 선명하게, 뒤쪽 부분은 흐릿하게 구분해서 칠하면서 조금씩 더 구체화가 되어 갔다. 해바라기 꽃을 좀 더 세밀하게 묘사하기 위해 6시간 동안 수십 번 관찰하고, 색연필로 칠하는 것을 반복했다. 그 과정에서 자신을 인정해 주지 않는 것 같아 속상해서 눈물을 흘리기도 했지만, 결과는 훌륭했다.

"선생님, 태어나서 제가 그린 그림 중에 제일 완성도가 높은 그림이에요."

"잘했어! 결국 해냈구나!"

로버트 루트번스타인과 미셸 루트번스타인은 《생각의 탄생》에서 모든 지식은 관찰에서 시작된다고 했다. 수동적인 '보기'가 아니라 적극적인 '관찰'을 해야 한다. 그래야만 행동 패턴들을 구분해내고, 패턴에서 원리들을 추출해내고, 사물들이 가진 특징에서 유사성을 이끌어내고, 행위모형을 창출해내 효과적으로 혁신할 수 있다.

추상화가로 유명한 피카소도 미술을 처음 배울 때는 세밀화를 사실적으로 그리곤 했다. 미술 선생님이었던 피카소의 아버지는 피카소에게 비둘기 발만 반복해서 그리도록 했다.

"열다섯 살이 되자 나는 사람의 얼굴, 몸체 등도 다 그릴 수 있게 되었다. 그동안 비둘기 발밖에 그리지 않았지만, 어느 때는 모델 없이도 그릴 수 있었다."

이처럼 그는 한 사물을 관찰함으로써 다른 것들도 묘사할 수 있게 된 것이다.

관찰력을 기르는 방법으로 미술 수업을 예로 들었지만, 글쓰기에도 예리한 관찰력이 필요하다. 소설가 서머싯 몸은 "사람을 끊임없이 탐구하는 것은 작가의 필수적인 자세"라고 했다. 그 말은 사람의 외관뿐만 아니라 대화, 행동까지 관찰해야 한다는 뜻이다. 그는 "간접적으로 전해지는 얘기라도 몇 시간 동안 들어줄 수 있어야 무심결에 새어 나오는 중요한 단서를 포착해낼 수 있다"고 말했다.

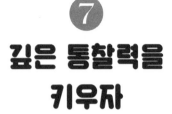

깊은 통찰력을 키우자

통찰의 순간은 언제 오는가?

마틴 챌피는 노벨화학상을 받은 미국의 과학자다. 컬럼비아대학에서 생물과학과 교수로 있으면서 벌레의 신경체계에 관한 연구를 진행하고 있다. 약 35년 전 어느 날, 챌피는 우연히 자기 연구 분야가 아닌 세미나에 참석했다. 하지만 1시간 후 그는 거기서 100만 불짜리 아이디어를 가지고 걸어 나왔다. 그 아이디어는 살아 있는 유기체의 내부를 들여다보게 해줌으로써 생물학적 과정이 어떻게 진행되는지 구경할 수 있도록 해주는 자연 손전등에 관한 것이었다.

챌피의 통찰은 현미경의 발명과 비슷한 것으로, 연구자들이 예전에 볼 수 없던 것을 보게 해준 발명이었다. 그는 이 작업으로 2008년에 노벨화학상을 수상했다. 이 일이 어떻게 진행되었는지 들여다보면 챌피가 어떻게 해서 '섬광 같은 통찰'을 얻게 되었는지 알 수 있다.

당시 챌피는 벌레의 신경체계를 연구하고 있었다. 그가 우연히 연구하던 벌레는 투명한 외피를 갖고 있었다. 벌레의 신경을 연구하려면 벌레를 죽여서 조직을 조사해야 했다. 챌피는 이 같은 실험 방법에 별다른 생각이 없었다. 연구자가 작업하는 표준적인 방법이었기 때문이다.

1989년 4월 25일, 챌피가 교수로 있는 학과에서 화요일 점심마다 진행하는 정기 세미나가 열렸다. 강사는 챌피의 관심 밖에 있는 다양한 주제를 다뤘다. 그러다가 중반쯤에 해파리가 어떻게 가시광선을 만들어 생물발광을 하는지 설명했다. 1962년 일본의 한 과학자가 해파리에서 초록빛을 내는 형광성 단백질(Green Fluorescent Protein)을 발견했는데, 자외선을 그 단백질에 쏘면 초록색을 발산하며 반응한다는 것도 이야기했다.

여기가 바로 챌피의 '유레카' 순간이었다. 초록색 형광 단백질을 자기가 연구하는 투명한 벌레에 집어넣는다면, 자외선을 쏴서 그 단백질이 퍼지는지 아닌지 볼 수 있겠다는 걸 순간적으로 알게 된 것이다. 그는 이를 통해 초록색 형광 단백질을 넣은 세포를 추적할 수 있었다. 그리고 '이 투명한 동물을 가지고 작업하면 정말 끝내주겠는데! 살아 있는 동물의 세포를 볼 수 있게 되다니'라고 생각했다. 챌피는 이후 초록색 형광 단백질을 생물학적 손전등으로 어떻게 사용할 수 있을지 기록하느라 정신이 없었다.

오늘날 이 생물학적 손전등은 분자 생물학의 일꾼 역할을 하는 것은 물론, 수백만 달러의 산업을 형성하고 있다. 이제 연구자들은 초록색 형광 단백질을 얻기 위해 수많은 해파리를 자를 필요가 없다. 형광 단백질의 색깔도 초록색에 파랑, 청록, 빨강 같은 색깔이 추가되었다. 또한 초록색 형광 단백질은 해파리나 벌레뿐 아니라 다양한 유기체에 손쉽게 삽입할 수 있어 다양한 용도로 사용되고 있다.

생쥐에 주입하는 바이러스에 초록색 형광 단백질을 추가하면 과학자들은 그 바이러스가 퍼져나가면서 면역계와 상호작용하는 것을 지켜볼 수 있다. 암 연구자들은 전립선 암세포 내부에 자라는 바이러스에 초록색 형광 단백질을 삽입해서 그 세포들의 생리를 가시화했다. 또 신경세포에 붙은 분자에 초록색 형광 단백실을 추가할 수 있게 된 덕분에 외과의사들은 신경섬유를 빛나게 만들어 이를 실수로 자르거나 하는 일을 피할 수 있게 되었다.

이 외에도 초록색 형광 단백질은 중요한 용도로 쓰이고 있다. 하나는 오염을 감지하는 것으로, 박테리아 속에 이를 삽입했을 때 오염 수준이 높아지면 초록색 형광 단백질은 더 밝게 빛난다. 농업 분야에서도 유용하게 쓰인다. 농부들은 더는 논밭 전체에 약을 뿌릴 필요가 없다. 벌레에 초록색 형광 단백질을 삽입해 어느 식물을 공격하는지 추적해서 딱 거기에만 약을 뿌리면 된다. 어떤 공학자들은 생물 발광하는 나무를 키워 가로등을 교체함으로써 그림자와 에너지 비용을 줄이는 것이 가능할지 연구하고 있다.

그렇다면 챌피의 통찰에는 어떤 프로세스가 작동했을까? 그는 아이디어들이 서로 꿰맞춰지면서 새로운 통찰을 이루는 전형적인 특징 몇 가지를 보여주었다. 그의 발견은 뜻밖에 이루어졌다. 갑작스럽고 짜릿한 흥분 같은 감정적인 경험이었다. 그것은 바로 아이디어들의 조합이었다. 그의 경우, 투명한 벌레와 초록빛을 내는 단백질이라는 아이디어가 결합했다.[6]

과학자는 자신의 전공 분야가 아닌 다소 엉뚱한 분야에서 통찰을 얻기도 한다. 물론 과학자도 다른 분야에 관심을 기울일 수 있다. 이런 경우, 자신의 연구 분야가 아닌 낯선 분야의 패러다임을 받아들이게 되는데, 이것이 바로 장점이 된다. 그 분야의 과학자들이 보지 못하는 것을 볼 수도 있다. 다른 사람이 두는 바둑판이 더 잘 보이는 경우라고나 할까? 그러면 가망이 없다고 여기는 실험을 시도하고, 배척하는 이론을 진지하게 고찰할 가능성이 커진다.[7]

간디에게 찾아온 통찰의 순간

과학자에게 찾아온 통찰의 순간과 간디에게 온 통찰의 순간은 조금 다르다. 과학자에게 통찰의 순간은 오랜 기간 연구하고 실험하며 한 문제에 집요하게 몰입할 때 어느 순간 번쩍하는 데 비해, 간디가 비폭력 민권운동가로 나서는 과정은 오랜 의식적 과정이 없다, 그야말로 순간의 깨달음이다.

젊은 법률과 모하마드 간디는 인종차별을 알고 있었지만, 그것을 제대로 경험한 적은 없었다. 그러나 1893년에 그가 어떤 소송을 위해서 남아프리카로 가는 길에 상황이 완전히 바뀌었다. 간디는 일등석 열차표를 샀다. 그가 일등칸에 들어가자 한 승객이 유색인과 함께 여행하기 싫다며 반발했다. 간디는 일등칸을 떠나라고 요청받았고, 이를 거절하자 경찰관이 그를 밀어냈다. 간디는 자서전에서 이 사건이 그에게 미친 영향을 이렇게 서술했다.

"나는 나의 의무를 생각하기 시작했다 나의 권리를 위해서 싸워야 할까 아니면 인도로 돌아가야 할까? 그도 아니라면 이 모욕을 괘념치 말고 프리토리아로 가서 소송을 끝낸 다음에 인도로 돌아가야 할까?"

간디는 가능하다면 인종차별이라는 병을 뿌리 뽑으려고 애쓰면서 고난을 겪어야 한다는 결론에 이르렀다.

여행의 다음 구간에서 역마차를 탄 간디는 또다시 인종차별에 직면했다. 빈자리가 있음에도 불구하고 마차 안의 백인은 간디에게 이 안에 앉을 수 없다고 말했다. 결국 간디는 마부와 함께 앉아야 했다. 얼마 후에 그 백인이 담배를 피우며 바람을 쐬러 밖으로 나오자 간디는 마부의 옆자리를 그에게 내주고 마차 입구 발판에 주저앉아야 할 상황이 되었다. 마침내 간디는 그렇게 하기는 싫다면서 마차 안으로 들어가겠다고 했다.

그러자 그가 욕설을 퍼부으며 간디를 때리기 시작했다. 간디가 남아프리카에 사는 인도인들에게 자신이 겪은 일을 털어놓았을 때 그들은 놀라지 않았다. 심지어 자신들이 겪은 유사한 경험을 술술 풀어놓

기까지 했다. 이 일은 온화한 법률가인 간디가 민권운동가 마하트마 간디로 변신하는 계기가 되었다.[8]

섬광 같은 통찰력

윌리엄 더건이 쓴《제7의 감각》에는 '전문가 직관'과 '전략적 직관' 이 나온다. 두 가지의 다른 점을 더건은 이렇게 설명한다.

"전문가 직관은 오랜 경험이 필요하고, 익숙한 상황에서 빠르게 결정할 수 있도록 돕는다. 하지만 약점이 있다. 전혀 새로운 상황에 맞닥뜨리거나 미래를 예측할 때 무용지물이 될 수 있다. 이때 필요한 것이 전략적 직관이다."

전문가 직관은 항상 빠르다. 그리고 익숙한 상황에서 작동한다. 전략적 직관은 항상 느리다. 좋은 아이디어가 필요한 새로운 상황에서 작동한다. 전문가 직관은 전략적 직관의 적이 될 수 있다. 우리는 자신이 하는 일에 능숙해질수록 비슷한 문제들을 더 빨리 해결할 수 있는 패턴을 인식하게 된다. 경험이 독이 되는 경우다. 전문가 직관은 바로 그런 식으로 작동한다.

그런데 새로운 상황에서 우리의 뇌가 좋은 해답을 찾기 위해 새로운 연결을 만들기까지는 시간이 훨씬 더 오래 걸린다. 섬광 같은 통찰력은 한순간에 일어나지만, 그 순간이 찾아오기까지 몇 주일이 걸릴 수도 있고, 몇 년이 걸릴 수도 있다. 무작정 서두른다고 그것을 얻어낼 수는 없다.

더건은 전략적 직관의 작동방식을 설명하는 데 카알 폰 클라우제비츠가 《전쟁론》에서 언급한 '섬광 같은 통찰력'을 끌어왔다. 그는 인류 역사에서 가장 위대한 업적의 중심에는 섬광 같은 통찰력이 있다고 주장했다. 혁신가들이 혁신을 발견하는 것, 예술가들이 창조적인 아이디어를 얻는 것, 선구자들이 비전을 얻는 것, 과학자들이 과학적인 발견을 하는 것 등 좋은 아이디어가 인간의 머릿속에 떠오를 때는 언제나 섬광 같은 통찰의 순간이 있었다는 것이다.

그렇다면 통찰력의 작동 원리는 무엇일까? 전략적 직관으로도 일어나지만, 무의식 차원에서도 일어난다. '섬광 같은'이라는 말에서 알 수 있듯 순식간에 번쩍하는 직관, 이것이 바로 통찰이다. 그렇다고 의식적인 작용 없이 어느 날 갑자기 통찰이 일어나지는 않는다. 철학자 윌리엄 B. 어반의 주장은 이렇다.

무의식은 먼저 의식에 의해 점화될 때만 의미 있는 과학적 통찰을 만들어낸다. 더 정확히 말해서 오직 과학자가 어떤 과학적 문제를 몇 시간이나 며칠 심지어 몇 년 동안 의식적으로 탐구하고도 성과를 내지 못했을 때만 과학자의 무의식은 그 문제에 주의를 집중한다. 뛰어난 상상력을 가지고 있지만, 과학적 훈련을 받지 않은 사람이 중요한 과학적 발견을 하는 경우가 드문 것은 바로 이 때문이다. 과학적 훈련을 받았지만 몇 달이나 몇 년 동안 성과 없이 문제 풀이에 매달릴 끈기가 없는 사람이 과학적 문제를 푸는 경우가 드문 것도 마찬가지 이

유 때문이다.[9]

　미래 세대에게 무엇보다 가장 필요한 능력은 변화의 핵심을 통찰하는 능력이다. 이를 위해 미래 세대는 '지식과 정보를 창조적으로 연결하는 법', '소통하고 협력하여 새로운 것을 창조하는 법'을 알아야 한다. 미래 사회가 요청하는 통찰력에는 '데이터 리터러시'도 포함된다. 데이터 리더러시란 데이터를 정확히 읽고 세분화해 체계적으로 축적하고, 단순한 숫자나 문자 배열과 축적된 데이터에서 유의미한 관계와 패턴을 파악하는 것이다. 아울러 시의적절하게 분석하고, 비즈니스나 사회 발전에 필요한 숨겨진 가치와 인사이트를 발견하거나 창조하고, 현재 이슈나 문제를 해결하는 미래의 방향성을 찾아내는 역량이다.[10]

8
어린아이처럼
생각하자

창의력은 교육과 훈련으로 가능하다

창의력은 없는 물건을 발명하고, 예술 작품을 창작하고, 소설을 쓰는 것처럼 새로운 것을 만들어내는 힘이기도 하고, 어려운 일이나 곤란한 일을 만났을 때 그것을 해결하는 힘이기도 하다. 우리는 보통 창의력을 타고나는 것으로 잘못 알고 있다. 더구나 지능지수가 아주 높은 소수의 사람만이 창의적인 활동을 할 수 있다는 편견을 가지고 있다.

심리학자인 조이 길포드는 창조성과 지능이 똑같은 것이 아니라고 주장했다. 길포드가 생각한 창조성의 핵심 개념은 발산적 사고다. 표준적인 지능검사에 의해 똑똑하다고 인정받은 사람들은 문제에 항상 올바르지만 상투적인 대응법을 생각해 낸다. 반면 창조적인 사람들은 어떤 자극을 받거나 문제를 보면 아주 다양한 연상을 하는 경향이 있으며, 그중 일부는 매우 유별나고 엉뚱하기까지 한 반응을 보이기도 한다.

창조성 검사의 '표준적인' 문제 항목은 대개 벽돌의 용도를 얼마나 많이 생각할 수 있는지, 하나의 이야기에 어느 정도까지 다양한 제목을 붙일 수 있는지, 추상적인 선화(線畵)를 얼마나 다양하게 해석할 수 있는지를 묻는다. 심리측정학적으로 창조적인 사람은 이러한 질문에 언제나 다양하고 폭넓은 반응을 보이는데, 다른 사람들의 경우에서는 거의 찾아보기 힘든 기묘한 반응이 나올 때도 있다.[11]

많은 창의력 전문가들의 주장에 따르면 이러한 창의성은 타고나는 것이 아니라 교육과 훈련으로 가능하다. 무엇을 교육하고 무엇을 훈련해야 할까? 창의력은 사고방식이 고정적인 어른보다 자유롭게 생각하고 상상하는 어린 시절에 훨씬 많이 길러진다. 어른이 되어서도 아이와 같은 관점에서 세상을 바라보는 습관이 중요한데, 아인슈타인은 자신의 사고 유형과 아이들의 일반적인 사고 유형이 비슷하다는 점을 알고 이렇게 말했다.

내가 어떻게 상대성 이론을 발견하게 되었는지 모르겠다. 아마도 보통 어른이라면 시간과 공간의 문제를 생각하느라 길을 멈추는 일 따위는 없을 것이다. 바로 이점이 이유가 아닐까 싶다. 이런 문제는 어릴 적에나 골몰했을 것이다. 하지만 내 경우는 지능 발달이 더뎌서 어른이 된 뒤에나 겨우 시간과 공간에 관해 의문을 품기 시작한 것이다. 당연히 나는 보통 능력을 가진 아이보다 그 문제를 더 깊이 파고들 수 있었다.

창의력과 관련된 미술 수업 시간에 있었던 일이다. 일상에서 흔히 관찰할 수 있는 사물 두 개를 정하고, 두 물체를 결합하여 전혀 새로운 사물을 그리는 활동을 진행했다.

"선생님 생각이 안 나요."

"현실에 존재하지 않는 그림을 그려도 되나요?"

이렇게 질문하는 학생 대부분은 성적이 우수한 모범생이다. 교과 과목에만 충실한 이런 학생들은 기존 사물의 성질을 다르게 표현하는 것을 두려워한다. 익숙한 것에서 벗어나는 것을 망설이고 또 망설인다.

"그리다가 실패해도 괜찮아. 학교에는 종이가 아주 많아."

그런 학생들은 용기를 내서 다시 시도해보지만, 대개는 우리가 아는 사물에서 크게 벗어나지 못한다.

반면 영훈이는 매우 유별나고 엉뚱한 학생이었다. 때로는 지나친 호기심으로 친구를 힘들게 했다. 친구의 인형을 분해한 후 솜뭉치를 흩날리며 눈이 오는 것 같다고 말하기도 했고, 청소용 빗자루로 전쟁 놀이를 하거나 바퀴가 달린 교사용 의자로 복도에서 레이스를 하기도 했다. 일주일에 한 번 이상은 꼭 담임에게 생활지도를 받는 영훈이는 미술 시간을 가장 즐거워했다.

"선생님 이거 제 마음대로 그려도 되나요?"

"당연하지."

영훈이는 쉬지 않고 아이디어를 말했다. "빵 칼인데 칼이 진짜 빵이면?", "물과 불이 합쳐지면 무엇이 될까?", "공부하기 싫은데, 게임을 가르치는 학교는 없나?", "붕어빵에 진짜 붕어를 넣으면 어떤 맛일까?", "아이스크림과 구두를 합치면 뭐가 될까?" 등 그 아이의 엉뚱한 상상은 모둠 친구들에게 아이디어를 제공했다.

창의적인 사람들의 특징

미술 수업에서 창의력을 키우는 방법으로 브레인스토밍법(brainstorming)을 자주 활용한다. 브레인스토밍은 영어로 뇌를 뜻하는 'brain'과 뛰쳐나오는 행위를 뜻하는 'storming'의 합성어로, '갑자기 나온 아이디어'를 의미한다. 그룹 구성원끼리 상호작용, 즉 함께 모여 협업 환경에서 아이디어를 생성하는 그룹 활동을 말한다. 브레인스토밍을 할 때는 즉흥적이고 빠른 아이디어 창출에 중점을 두고, 참석자들은 자유롭게 자신의 생각을 큰 소리로 표현해야 한다. 따라서 타인의 의견에 대한 비판은 금물이다.

브레인스토밍을 할 때 참석자들은 아이디어 생성 단계에서 비판이나 평가를 보류해야 한다. 그리고 질보다 양을 우선시해야 한다. 많은 양의 의견을 제시하도록 해서 그중 일부가 혁신적이고 가치 있는 솔루션으로 이어질 수 있다는 가정하에 진행해야 한다. 따라서 진행자는 섣불리 판단을 해서는 안 되고, 많은 아이디어가 생산될 수 있도록 진행하는 것이 필요하다. 브레인스토밍은 자유롭게 아이디어를 내도록 장려하여 창의성을 키워주고, 서로의 아이디어를 바탕으로 팀워크와 협업을 촉진하며, 많은 수의 아이디어를 빠르게 생성하는 장점을 가지고 있다

에이미 윌킨슨은 《크리에이터 코드》에서 창의적인 사람을 세 부류로 나눴다.

'태양새'라고 부르는 사람들은 한 분야에서 통하는 해법을 다른 분야에도 적용한다. 그것도 보통은 기존의 해법을 그대로 가져오지 않고, 살짝 변형해서 적용한다. 이들은 '이 바닥에서는 원래 이렇게 한다'는 사회와 시장의 통념에 휘둘리지 않고, 아이디어의 새로운 용도를 찾는다. 현재의 아이디어를 다른 데 이식할 기회만 모색하는 것이 아니라 낡은 아이디어를 새롭게 살려내기도 한다.'[12]

'건축가형'은 공백을 발견하고 거기에 빠진 것을 채운다. 다시 말해 문제를 알아보고 새로운 상품이나 새로운 서비스를 고안해서 그간 방치돼 있던 사람들의 욕구를 충족한다. 이들은 이런저런 가정을 분석하고 다양한 변수를 시험해서 새로운 해법을 도출한다. 이들은 꼼꼼하게 묻고 또 묻는 태도가 성공의 비결이라 믿으며, 아이 같은 천진함과 초심을 잃지 않는다. 이들은 모든 가정에 '이것을 다르게 할 방법이 있을까?'하고 묻는다.[13]

'통합자'형은 기존 개념들을 한데 아울러 전혀 다른 혼합물을 만들어낸다. 서로 반대되는 것들을 조합해서 새로운 진로를 개척한다.[14] 이런저런 아이디어를 나란히 놓고 생각할 줄 아는 노벨상 수상자들의 사고력을 연구한 로던버그는 생리학자, 화학자, 물리학자는 물론이고, 퓰리처상을 수상한 작가와 여타 예술가들도 이질적인 개념들 사이에서 연결고리를 찾아 통합적인 아이디어를 창출하는 능력이 있다고 밝혔다. 그는 모순되는 개념들 사이에서 창조적 결과물이 나올 수 있다고 봤다.[15]

창의력을 개발하려면 기존의 고정관념에서 탈피하여 어린아이처럼 호기심 어린 마음으로 끊임없이 질문하는 자세가 중요하다. 영훈이 같은 학생을 엉뚱하다고 지적하는 것이야말로 창의성을 죽이는 교육인 것이다.

9

질문하고, 질문하고, 질문하자

질문은 창의력의 마중물

앞에서 말한 태양새형, 건축가형, 통합자형 크리에이터들은 모두 시도 때도 없이 질문을 던지는 사람들이었다. 이들은 타고난 호기심을 절대 포기하는 법이 없다.[16] 모든 창의적인 행동들은 호기심 어린 질문으로 시작된다. '왜 이럴까?', '원인은 무엇인가?', '무엇이 다를까?', '다른 방법은 없을까?', '더 좋은 방법은?' 같은 질문을 계속하면서 관찰하고, 뒤집어 보고, 쪼개 보고, 거꾸로 보면서 창의력은 길러진다.

창의적인 업적을 남긴 사람들은 어릴 때부터 질문하는 습관이 있었다. 우리가 알고 있는 천재들은 자신이 좋아하고, 관심 있는 분야에서 질문을 시작으로 '일을 내기' 시작했다. 에디슨과 아인슈타인에게 호기심 가득한 질문이 없었다면 어떻게 되었을까? 그런 위대한 업적을 남길 수 있었을까? 베토벤이나 모차르트도 질문을 하지 않았다면 최고의 음악가가 될 수 없었을 것이다. 파브르가 곤충을 궁금하게 생각하지 않았다면 질문하지 않았을 것이다. 궁금증과 질문 없이 그렇게 오랜 시간 쭈그리고 앉아 관찰할 수 있었을까? 이처럼 창의력의 첫걸음은 질문이다. 단지 '질문하는 것'이다. 질문이야말로 창의력의 어머니다.

창의적인 사람들은 보통 사람들과 생각하는 방식이 다르다. 로버트 루트번스타인과 미셀 루스번스타인은 《생각의 탄생》에서 천재들의 창조 방법 13가지를 나열했다. 관찰, 형상화, 추상화, 패턴 인식, 패턴 형성, 유추, 몸으로 생각하기, 감정이입, 차원적 사고, 모형 만들기, 놀이, 변형, 통합이 그것인데, 모든 과정을 관통하는 중심 단어는 역시 '질문'이다. 호기심 있는 질문이 없다면 도대체 왜 관찰을 하겠는가. 질문은 대상물을 관찰하게 만든다. 대상물을 주의 깊게 바라보면서도 머릿속에서는 계속 질문을 한다. 질문하며 관찰하고, 관찰하며 질문하는 연속 과정 가운데 번뜩이는 아이디어가 나오고, 창의적인 생각이 연기처럼 모락모락 피워 오르기도 한다.

천재들은 끊임없이 '어떻게?', '왜?', '그 다음은?'이라고 질문하며 창조적인 업적을 남겼다. 송숙희 씨는 '그 어떤 혁명도 혁신도 개선도 보완도 창조도 문제 해결도 대박도 모두 관찰에 있음을 알고' 오랜 준비 끝에 《성공하는 사람들의 7가지 관찰 습관》이란 책을 냈다. 이 책에서 그녀는 "기회를 부르는 관찰의 순간은 늘 질문이 함께 했다"고 밝혔다. 질문과 창의적인 성과는 동행한다는 것이다. 뉴턴은 '왜 사과는 위로나 옆으로 떨어지는 것이 아니라 밑으로만 떨어질까?', 아르키메데스는 '왜 물이 넘칠까?' 하고 질문했다. 레오나르드 다빈치가 많은 질문으로 창조적인 업적을 만들어 낸 것은 익히 아는 사실이다. 발명왕 에디슨도 새로운 발명을 할 때마다 '사람들의 실질적인 욕구는 무엇인가?', '시장에서 현재 틈새는 무엇인가?'라는 질문으로 시작했다.

유추 또한 질문이 없으면 불가능하다. 유추는 닮지 않은 사물이나 현상 사이에서 유사성이나 관련성을 찾아내는 것을 말한다. 모든 사람이 그냥 아무렇지도 않게 생각하는 것을 천재들은 질문함으로써 관련성을 찾아간다. 그런데 유추 능력은 충분히 학습할 수 있기 때문에 아주 어릴 때부터 시작할 수 있다고 한다. 부모의 질문으로 아이의 유추 능력을 키울 수 있다는 것이다. 퓰리처상을 받은 작가 제럴딘 브룩스의 예를 보면 이를 쉽게 이해할 수 있다.

창의적인 결과를 생산하는 상상력

브룩스는 자신이 유추를 잘하게 된 것은 다음과 같이 어머니가 시킨 놀이 덕분이라고 말했다.

어머니는 정원을 산책하면서 항상 "자, 우리 장원(莊園)을 한 번

살펴보러 갈까?" 하고 말씀하셨다. 우리는 여기저기를 서성거리며 나무와 돌이 말해주는 이야기를 들었다. 벽돌 위에서 햇볕을 쬐고 있는 도마뱀은 용 이야기에 나오는 영웅이었고, 썩은 나뭇가지에서 톱니처럼 돋아난 버섯은 비밀의 장소로 이어지는 요정의 계단이었다. 데이지꽃은 진달래 가운을 입은 소녀였고, 정원에 있는 모든 것들은 다른 무엇인가의 대역이었다.

브룩스는 아이들이 현실에 상응하는 또 다른 가능성의 우주를 발견해야 한다고 말했다. 꽃을 사람으로 보고 버섯을 요정의 계단이라고 말하는 어린아이에게 장난감을 장난감이라고 곧이곧대로 말한다면 그들의 상상력이 얼마나 훼손될지 생각해 보라. 브룩스의 말에 따르면, 요즘의 장난감은 상상의 여지를 많이 남겨놓지 않는다. 컴퓨터 칩이 사고를 대신해 준다. 캐릭터들은 이미 정해져 있고, 모든 인형에는 필수 액세서리들이 다 딸려 나온다. 모두 창의성을 위축시키는 것들이다. 스스로 하나의 세계를 만들 수 없고, 그럴 필요가 없는 어린아이들은 물질이 갖고 있는 다른 가능성과 용도, 목적을 깨닫지 못한다. 어떤 사물을 볼 때 '그것이 무엇인가'가 아닌 '그것이 무엇이 될까'에 착안해야만 우리는 사물을 전혀 새로운 방식으로 활용할 수 있다.[17]

루스번스타인 부부 또한 부모들에게 아래와 같이 제안하고 있다.

어린아이에게 장난감을 줄 때는 여러 가지 방식으로 가지고 놀게 해야 한다. 아이들이 블록이나 인형, 종이, 헝겊, 일상 용품을 가지고 다양한 시나리오에 맞춰 지금까지와는 다르게 놀게 하라. 막대기를 검으로, 스카프를 강으로 상상하도록 아이들을 지도하라. 보석상에서 쓰는 확대렌즈를 아이들에게 주어 어떤 것을 집중해서 관찰하도록 하라.

그런 다음 질문하라. "이게 무엇처럼 보이니?" 아이가 대답하면 생각나는 것을 그리게 한 다음 다시 같은 질문을 한다. 그렇게 해서 목록을 만들어본 다음 이 시각적 유추에 대한 평을 해주고 기능적인 관련성을 찾아보게 한다. 마지막으로 왜 그것(관찰대상)이 이것들(유사하다고 보는 것)과 같다고 보는지 이론을 세우도록 하라. 유추적 사고 훈련은 학년을 막론하고 작문, 미술, 과학, 수학, 사회 등 거의 모든 과목에 접목되어야 한다.[18]

결국 이런 교육 방법은 상상력을 키우기 위함이다. 상상력이 높으면 그만큼 문제해결 능력이 좋아진다. 문제해결 능력이 높은 사람은 장애물이나 어려움을 두려워하지 않는다. 도전하고 싶어 한다. 명심할 것은 상상력이든 창의력이든 질문으로 시작한다는 사실이다.

인공지능 시대에 더 중요해진 질문

미래에는 어려운 문제를 생성형 AI에게 질문하여 해결 방법을 모색할 것이다. 이제 인공지능은 법률이나 의료 문제에 관한 자문을 넘어 작곡도 하고, 시나 소설도 쓰고, 그림도 그린다. 이미 인간의 뇌 능력을 넘어섰다.

그렇다 보니 어려운 문제로 골치 아플 필요 없이 챗 GPT에게 질문하면 된다고 생각할지도 모른다. 하지만 이때도 질문이 중요한 것은 마찬가지다. 좋은 질문이 좋은 답을 얻는다. 두루뭉술하게 질문하면 인공지능도 두루뭉술한 답을 줄 뿐이다. 구체적이고 간결하고 핵심을 찌르는 질문을 해야 원하는 답을 얻을 수 있다. 질문이 더 중요한 시대가 된 것이다.

인공지능 시대에 질문을 잘 하려면 독서가 중요하다. 특히 독서 토론을 하며 논리적으로 말하고, 반론을 제기하고, 결론을 추리하는 연습이 필요하다. 이런 가운데 생각이 넓어지고, 고정관념을 깰 수 있다. 문제를 꿰뚫어 보는 능력도 이때 길러진다. 이런 능력을 갖춰야 인공지능에게 올바른 질문을 던질 수 있다. 책을 읽고 토론하는 조직이나 개인이 성장할 수밖에 없는 이유다. 독서는 인공지능 시대에 우리가 지녀야 할 능력을 얻게 해준다. 독서가 답이다.

⑩
책으로
돌아가자

행렬털애벌레 같은 사람들

행렬털애벌레(Pine processionary caterpillar)라는 게 있다. 들판이나 도심공원에서 흔히 볼 수 있는 벌레다. 이름에서 눈치챘듯이 이 벌레는 길게 줄을 지어 기어간다. 대단한 이유가 있는 게 아니고, 앞에 있는 벌레가 가니까 뒤에 있는 벌레는 따라가는 것이다. 《탁월한 생각은 어떻게 만들어지는가》[19]에는 곤충학자 파브르가 행렬털애벌레를 관찰한 이야기가 나온다.

행렬털애벌레는 독특한 행동 습성 때문에 이런 이름이 생겼다. 녀석은 먹이를 찾으러 보금자리를 나설 때 마치 서커스단의 코끼리처럼 꼬리에 꼬리를 물고 일렬로 이동한다. 선두 애벌레는 기어가면서 가느다란 실을 뽑아 흔적을 남긴다. 다음 애벌레는 그 실을 따라 기어가면서 자기 실을 한 줄 더 덧붙인다. 때로는 수백 마리의 애벌레가 줄줄이 대형을 이루며 숲을 통과하는 진풍경이 연출되기도 한다.

하지만 선두 애벌레라고 해서 딱히 특별할 것은 없다. 어쩌다 보니 선두에 섰을 뿐이다. 선두 애벌레는 한참 기어가다 가끔 멈춰 서서 고개를 들고 가장 가까운 먹잇감이 어느 쪽에 있을지 감을 잡은 후 행진을 계속한다. 선두 애벌레를 치우면 두 번째 애벌레가 정찰 임무를 넘겨받는다. 뒤따르는 애벌레는 선두의 변화에 별로 개의치 않는 듯하다.

현대 곤충학의 아버지로 불리는 장 앙리 파브르(Jean Henri Fabre)는 행렬털애벌레를 연구하다가 선두를 따르려는 애벌레의 본능이 얼마나 강한지 확인하고픈 호기심이 생겼다. 그래서 1896년 1월 30일 한 가지 실험을 구상한다. 줄줄이 행진하는 애벌레를 유인해 흙을 채운 커다란 항아리의 테두리를 따라 빙글빙글 돌게 한 것이다. 그는 원을 이루기에 충분한 애벌레들이 기어오르자마자 나머지를 쓸어냈다. 그런 다음 선두를 살짝 건드려 마지막으로 따라오던 애벌레의 꽁무니를 뒤따르게 해서 원을 완성시켰다.

그 순간 선두가 없어졌다. 어떻게 됐을까? 원 안의 애벌레 각각은 앞서가는 애벌레가 만든 실을 따르기만 했다. 원에서 약 30센티미터 거리에 애벌레가 제일 좋아하는 먹이를 놓아두었는데도 이를 못 보고 지나쳤다. 엿새 뒤인 2월 5일, 애벌레들은 여전히 원을 그리며 돌고 있었다. 다수가 지치고 굶주려 나가떨어지기 시작한 뒤에야 비로소 원이 무너지기 시작했고, 기력이 남은 몇 마리만 탈출을 감행할 수 있었다.

파브르의 계산에 따르면 애벌레들은 항아리를 500바퀴 이상 돌았고, 이동 거리는 400미터를 넘겼다고 한다. 사람으로 치면 약 145킬로미터, 즉 먹지도 마시지도 쉬지도 않고 3.5번의 마라톤을 완주한 것과 맞먹는 여정이었다. 이를 보고 파브르는 이렇게 말했다.

애벌레들은 지치고 배고프고 쉬지도 못하고 밤에는 추위에 떨면서도 수백 번 지나간 실크 띠에 고집스럽게 매달린다. 그것을 포기해야 하는 이유를 깨닫게 할 희미한 논리력조차 없기 때문이다.

행렬털애벌레 이야기를 읽으며 살짝 웃음이 났는가? '참 재미있는 벌레가 다 있군!' 하고 생각했는가? 나는 어떤 모습인가? 혹시 남이 하던 대로 유행을 좇지는 않았는가? 남들이 한다면 생각 없이 따라 하지는 않았는가? 텔레비전 뉴스나 신문 기사를 아무 생각 없이 받아들인 적은 없는가? 근거도 없는 동영상을 사실로 믿고 여기저기 퍼 나르지는 않았는가? 그렇다면 미안하지만 당신이 행렬털애벌레다. 떠다니는 소문을 비판하고 분석할 논리력이 없는 것이다. 생각 없이 사는 인간이다.

독서, 수준 높은 사유의 시작

사유는 인간만이 보유한 능력이다. 사유하지 않는 인간은 영혼 없는 인간이다. 행렬털애벌레 같은 인간이 되지 않으려면 어떻게 사유를 시작해야 할까? '지금부터 생각 좀 하고 살아야지' 하고 결심한다고 해서 수준 높은 사유를 할 수 있을까? 천만의 말씀이다. 사유의 수준을 높이려면 독서를 해야 한다. 독서는 어떻게 수준 높은 사유로 이어질까? 시인이며 소설가인 헤르만 헤세는 일찍이 책의 가치를 이렇게 표현했다.

> 자연의 선물로 받은 것이 아니라 인간이 영혼을 바쳐 창조한 여러 세계 가운데 가장 위대한 것은 책의 세계다. (중략) 말이 없고, 글이 없고, 책이 없다면 역사는 존재하지 않을 것이고 인류라는 개념조차 없을 것이다.

사람은 다른 동물이 지니지 못한 능력을 가지고 있다. 말하기와 읽기. 영국 옥스퍼드대학교 앤서니 모나코 교수를 비롯한 연구진은 인간이 다른 포유류와 다르게 언어와 이야기를 구성할 수 있는 것은 FOXP2 유전자 배열 덕분이라는 실험 결과를 발표했다. 그들의 연구에 따르면, FOXP2의 변이는 12~20만 년 전에 처음 일어났고, 현재 인간이 지닌 형태의 유전자 변형은 진화 과정 후기인 1~2만 년 전(500~1,000세대)에 완성되어 빠른 속도로 전파됐다고 한다. 침팬지나 쥐도 이 유전자를 가지고 있으나, 오직 인간만이 언어를 구사하는 것은 이 유전자의 일부가 변형됐기 때문이라는 것이다.

이 말은 곧 인간의 유전자에는 본능적으로 말하기 능력이 존재한다는 뜻이다. 이런 사실을 우리는 경험적으로 안다. 태어나서 몇 년 지나면 학습 과정 없이도 모국어를 익힌다. 걷기를 배우는 것처럼 아주 자연스러운 현상이다.

그러나 글은 자동으로 익히지 못한다. 일정 기간 학습 과정이 필요하다. 말하기와 달리 인류가 문자를 발명하고 글을 사용하기 시작한 시기는 아주 최근이기 때문이다. 역사학자들은 이를 기원전 4,000년~2,000년 전쯤으로 본다. 이때쯤 수메르인들은 쐐기문자, 이집트인은 신성문자, 중국인은 갑골문자를 사용했다. 6,000년 정도는 긴 진화 과정에서 길지 않은 기간이다. 인간이 본능적으로 글을 익힐 수 있는 유전자가 생성되기에는 너무나 짧은 순간이다.

독서는 뇌를 재조직한다

당연히 영아의 뇌에는 글이나 문자를 담당하는 영역이 없다. 그러나 인간의 뇌는 '가소성'이 있어 책을 읽으면 읽을수록 변화가 일어난다. 뇌가 스스로 새로운 회로를 만들며 재편하기 시작한다. 영아기 때 부모가 아이에게 책을 읽어주는 일이 중요한 이유다.

수십 년간의 연구 결과에 따르면, 부모나 다른 어른이 책 읽어주는 소리를 들으며 보낸 시간의 양이 몇 년 후 그 아이가 성취할 독서 수준을 예언해 주는 척도가 된다고 한다.[20] 태어날 때 타고난 뇌는 죽을 때까지 고정된 것이 아니다. 후천적으로 변화를 줄 수 있다니 얼마나 희망적인가. 신이 인간에게 이런 것까지 선물했다니 감사할 따름이다. 미국 터프츠대학교 교수이자 독서와 언어연구센터 소장 매리언 울프는 《다시, 책으로》에서 이렇게 밝혔다.

> 문해력은 호모사피엔스의 가장 중요한 후천적 성취 가운데 하나다. 이는 우리가 아는 한 다른 그 어떤 종도 해내지 못한 것이다. 읽기를 배우는 행위는 인류의 두뇌 작동 목록에 완전히 새로운 회로를 추가했다. 잘 읽는 법을, 특히 깊이 읽는 법을 배우는 긴 진화 과정은 회로의 연결 구조 자체를 변화시켰고, 이는 뇌 전체를 재편했으며, 그 결과 인간의 사고 본성 또한 새로이 구조되었다. 깊이 읽는 것은 두뇌를 형성할 뿐만 아니라 사상가를 만들어 낸다.

그의 말에 따르면 인간은 책을 읽기 시작하면서부터 생각하는 힘이 생겼다는 것이다. '깊이 읽기'와 '골똘히 생각하기'는 뇌 회로를 더욱 두텁게 한다. 그러면서 비판적 사고, 개인적 성찰, 상상, 공감 같은 인지 과정이 형성된다. 책을 읽지 않으면 성숙한 인간으로 성장할 기회를 포기하는 것과 같다.

11

통찰력과 창의력,
어떻게 훈련할 것인가?

리더가 있고 관리자가 있다. 리더십의 아버지라고 불리는 워렌 베니스는 리더와 관리자는 완선히 다른 목적을 위해 일한다고 주장했다. 리더는 차원이 다른 독특한 비전과 책임을 갖고 있으며, 그것은 완전히 다른 재능과 기술을 요구한다고 보았다.

한마디로 리더란 제대로 된 일을 하는 사람이고, 관리자는 일을 제대로 돌아가게 하는 사람이다. 리더십은 비전을 현실로 바꾸는 능력이다. 리더는 미래 방향을 제시하고 행동으로 보여주는 사람이다.

관리자는 리더의 의도(지시사항)를 명확하게 파악하고, 조직원들에게 업무를 지시하고 관리하는 사람이다. 관리자를 깎아내리려는 것이 아니다. 좋은 팔로워가 좋은 리더가 된다. 리더는 2장에 언급한 능력이 있어야 조직을 잘 이끌 수 있다. 전략 능력, 관찰력, 통찰력, 창의력이다. 리더가 되려면 청소년기부터 이런 능력을 키울 필요가 있다. 어떻게 해야 할까?

편견을 버려라

앞에서 편견으로 오판하는 사례를 살펴봤다. 사람은 복잡하거나 많은 생각이 필요한 사항은 편견대로 판단하려는 경향이 있다. 아비 코난트의 사례나 신규 교사의 사례에서 우리는 편견이 얼마나 판단력을 흐리게 하는지 알 수 있었다. 편견은 통찰을 방해하는 장애물이기도 하다. 평범함 속에서 특별한 것을 찾아내려면 편견에서 벗어나 열린 자세를 갖춰야 한다. 편견을 없애려면 신중하게 판단하는 것도 좋다. 기막힌 아이디어가 떠올랐다고 해도 바로 실행하기보다는 하루이틀 정도 시간을 보내며 하나하나 살펴보는 것이 좋다.

비판적으로 사고하라

인공지능의 등장으로 비판적 사고는 더 중요해졌다. 날이 갈수록 여러 분야에서 가짜 뉴스나 선동이 넘쳐나는데, 그걸 그대로 받아들이고 믿는다면 우리 사회는 잘못된 방향으로 갈 수밖에 없다. 정보에 의문을 품고, 재차 확인하는 자세가 비판적 사고다. 아울러 주변의 모든 것을 당연하게 생각하지 않고, 진실이 무엇인지 항상 질문하는 자세가 중요하다.

생각이 번쩍하고 떠오를 때 기록하라

통찰의 순간은 예고 없이 찾아온다. 그때 아이디어를 기록하지 않으면 날아가 버린다. '섬광 같은 통찰'이라는 말을 기억하자. 번개처럼 번쩍하고 나타났다가 이내 사라져 버린다. 나중에 기록하려고 하지만 절대 생각나지 않는다. 챌피가 통찰의 순간 메모하는 장면을 기억해 보라.

사례를 들여다봐라

통찰력을 높이기 위해 다양한 사례를 분석하는 것도 좋은 방법이다. 단순히 반복하는 것만으로는 고수가 되지 않는다. 고수가 된들 인공지능의 능력을 따라갈 수는 없다. 자신이 하는 수행, 그것이 작곡이든 그림을 그리는 것이든 시를 창작하는 과정이든 발명이든, 분석하고 약점을 개선하려고 노력해야 한다. 거의 모든 분야를 막론하고 자신의 실력을 높이는 데는 반복적인 수련이 필수다.

차이가 작다고 무시하지 마라

프로 바둑기사 이창호가 강한 이유는 끝내기가 강하기 때문이다. 아마추어 바둑은 몇 집이나 몇십 집 차이로 승패가 가려지지만, 프로 기사들 경기는 1집이나 반집 차이 승부가 많다. 이창호는 이 미세한 차이를 계산해 끝내기에서 승부를 뒤집는다. 작지만 결정적인 차이. 이것을 좁히려는 노력에서 통찰의 순간이 찾아온다.

관점을 바꿔서 보라

그동안 봐왔던 사물이나 사건을 다른 관점으로 바라보자. 뒤집어

보고 거꾸로 보는 방법은 보지 못한 것을 보도록 해준다. 수동적인 '보기'가 아니라 적극적인 '관찰'을 기억하자. 일상에 있는 물건을 정밀하게 묘사하거나 식물의 특징을 꼼꼼히 살펴서 그리는 미술 수업 과정을 통해 새로운 것을 찾아내 보자.

끝까지 물고 늘어져라

과학자가 어떤 과학적 문제를 몇 시간이나 며칠 심지어 몇 년 동안 의식적으로 탐구하고도 성과를 내지 못했을 때만 과학자의 무의식이 그 문제에 주의를 집중한다는 어빈의 말을 기억하자. 문제에 몰입했을 때에야 비로소 통찰의 순간이 온다. 몰입은 대상에 빠져드는 것이다. 우리는 몰입했을 때 잠자는 두뇌 능력을 일깨워 최고치로 끌어올린다.

실패를 두려워하지 마라

실패나 실수가 없으면 어떤 통찰도 얻지 못한다. 우리는 실패나 실수를 하면서 앞으로 나아간다. 아무 일도 안 하면 실패나 실수도 없다. 아무 일도 일어나지 않는다. 미술 실기 시간에 세밀화를 그리는 모습을 기억해 보자. 6시간 동안 수없이 많은 실수를 한 후 좋은 그림을 그렸지 않았는가. 한 가지 개념, 상품, 아이디어를 완벽하게 만들려고 애쓸 때보다 여러 가지를 실험하고 재평가하고 재편성하고자 노력할 때 좋은 결과가 나온다. 많이 실패하고 실수를 해야 나은 결과를 만들어

낼 수 있다.

전두엽을 개발하라

청소년기에 통찰력을 기르기 위해서는 전두엽(Frontal Lobe)이 단단해지도록 훈련해야 한다. 전두엽은 인간의 뇌에서 가장 큰 부분 중 하나로, 뇌의 앞쪽에 위치하며 다양한 고등 기능을 담당한다. 이는 판단력, 의사 결정, 감정 조절, 창의적 사고와 같은 중요한 인지 기능을 포함한다. 청소년기에는 전두엽이 아직 완전히 성숙하지 않아 지수처럼 순간적인 판단 실수로 미래가 바뀔 수도 있다. 전두엽의 건강을 유지하기 위해서는 입시 위주의 교육이 아닌 진로와 연계된 경험, 충분한 수면, 규칙적인 운동과 스트레스 관리가 중요하다. 이러한 건강한 생활 습관이 갖추어져야 전두엽의 기능이 향상되고, 통찰력을 갖춘 리더로 성장할 수 있다.

제3장

관계력
타인과 공감하며 소통하는 능력

①
미래는
협업의 시대다

노벨상을 받은 특별한 비결

사람은 사회적 동물이다. 끊임없이 타인과 상호작용하며 살아간다. 독불장군은 없다. 특히 미래 사회는 협업을 중시하기 때문에 타인과 공감하며 소통하는 능력이 더욱 요구된다. 음악가, 미술가, 과학자라면 골방에 틀어박혀 자기 일에 몰두하면 되지 않을까 생각할지도 모르겠다. 뒤에서 말하겠지만, 타인과의 소통 능력이 빈세트 반 고흐와 파블로 피카소의 삶을 천지 차이로 벌려놓았다는 사실을 안다면 그렇게 생각하지 않을 것이다.

스웨덴에 있는 웁살라대학교는 개교 이래 노벨상 수상자를 8명이나 배출한 명문 대학이다. 이 대학 안데르스 하그펠트 총장이 내한했을 때 언론과 한 인터뷰 기사를 관심 있게 읽었다. 하그펠트 총장은 '노벨상 수상의 비결'을 묻자 이렇게 답했다.

노벨상은 천재 한 명이 갑자기 어떤 아이디어가 떠올랐다고 해서 받을 수 있는 게 아니고, 여러 분야를 선도하는 연구 환경 속에서 훌륭한 동료들과 함께 하는 게 중요하다. 노벨상 수상자들은 자기가 흥미 있는 것을 연구하다 보니 상을 받게 된 거지, 애초에 상 받기 위해서 연구한 사람은 없다.

-조선일보, 2023. 6. 3-

미국 샌디에이고 솔크연구소는 소아마비 백신을 개발한 조너스 솔크가 1960년에 세운 비영리 연구기관이다. 암이나 알츠하이머(뇌질환)나 유전병 같은 분야에서 미국 내 최고 바이오 연구기관으로 꼽힌다. 노벨상 수상자만 6명을 배출했다. 하지만 연구만 잘한다고 들어갈 수 있는 곳이 아니다. 이곳의 인재 영입 조건은 '협업 가능성'이다. 이 연구소는 입사 경쟁이 치열한 것으로도 유명하다. 매년 채용 경쟁률이 수백 대 일에 달한다. 솔크연구소 연구원이면 최고 연구 실력은 검증됐다는 것이 학계의 시각이다.

솔크연구소의 대표적 특징은 모든 연구원이 협력한다는 것이다. 그래서 채용 심사를 할 때는 다른 사람과 함께 일할 수 있는지부터 평가한다. 자기 분야만 연구하다 보면 아무래도 자기 분야만 보게 되기 때문에 솔크연구소는 아예 개인 연구실 벽을 없애 버렸다. 공동 연구 범위를 넓히려는 의도에서였다. 다가올 미래는 바로 협업의 시대이기 때문이다.

마음에 딱 드는 모둠은 없다

협업의 중요성을 알기에 필자는 학교에서도 모둠활동을 강조한다. 미술 수업을 할 때면 모둠 활동 중심으로 진행하기도 한다.

한번은 화가의 삶과 그림을 주제로 그림을 감상하고 비평하는 수업을 했을 때의 일이다. 르네상스 시대의 화가 레오나르도 다빈치, 빛을 그린 화가 르누아르, 빛을 과학적으로 분석한 쇠라, 고유한 개성을 담은 고흐와 고갱, 사회적 메시지를 담은 피카소, 현실을 초월한 그림을 그린 살바도르 달리, 개념미술 화가 뒤샹, 대중미술의 선두주자 워홀 중 자신이 원하는 화가를 선택하고, 모둠원들과 협력하여 그림을 분석하는 수업을 진행했다.

서너 명을 한 모둠으로 구성했다. 자신의 진로와 연계된 화가를 직접 선택하고, 화가의 삶을 분석한 후 삶에 적용할 부분까지 찾도록 했다. 학생들에게는 생소하고 어려운 활동이었다. 학생들은 친한 친구나 공부 잘하는 친구와 같은 모둠이 되기를 희망했다. 그런데 모둠이 자기 뜻대로 구성되지 않자 몇몇 학생이 불만을 표시했다.

"선생님, 모둠 바꿔주세요. 모둠이 된 아이들이랑 안 친해요."

"선생님, 남자는 어색한데 여자들끼리만 모둠하면 안 되나요?"

"선생님, 이 친구는 아무런 모둠활동도 안 해요. 나머지가 힘들어요."

이런 학생들에게 필자는 이렇게 답했다.

"원하는 친구와 같이 모둠활동을 하면 좋겠지만, 항상 자신이 하고 싶은 대로 할 수는 없어요. 다른 친구에게 도움을 받으면 좋겠지만, 때로는 자신이 도움을 줘야 하지 않을까요? 모둠활동에서 기여도가 크면 훌륭한 리더십을 발휘하여 모둠을 잘 이끌었다고 학생생활기록부에 좋게 기록될 기회가 되잖아요."

그러자 학생들은 도서관에 가서 화가와 관련된 책을 찾고, 인터넷으로 자료를 검색하며 조사한 자료를 토대로 그림을 비평했다. 발표를 위해 파워포인트로 자료도 만들고 대본도 준비했다. 학생들이 소통하고 협력하며 성장하는 모습이 느껴져 행복한 수업이었다.

그런데 수업이 끝난 후 한 학생이 교무실로 찾아와 눈물을 흘리며 속마음을 털어놨다.

"너무 속상한 일이 있었어요. 물론 제가 먼저 잘못하긴 했는데, 그래도 너무 속상해요."

"무슨 일 있었니?"

"제가 파워포인트로 발표 준비를 하기로 약속했는데, 독감에 걸려서 약속 시간을 못 지켰거든요. 그래도 발표 수업 시간 전까지는 발표 자료를 만들 수 있었는데, 친구들이 기다려주지 않았어요. 선생님께서 모둠활동에 기여도가 크면 학생생활기록부에 리더십이 있다고 기록해 준다는 말을 듣고 한 친구가 제 활동까지 다 해버렸어요. 저는 학교생활기록부에 나쁘게 적히나요?"

이런 경우, 노벨상을 받은 사람들과 솔크연구소 연구원들의 이야기를 귀담아들을 필요가 있다. 이들은 절대 노벨상을 받으려고 일하지 않았다. 함께 협업하여 좋은 연구 결과를 내면 그뿐이었다. 노벨상은 그러는 가운데 우연히 찾아온 것이었다.

학생들이 모둠활동을 할 때 기억할 만하지 않은가? 생활기록부를 위하여 모둠활동을 한다기보다 미술가들의 인생과 그림을 들여다보며 자신의 미래를 설계할 때 통찰을 얻을 수 있다면 얼마나 좋을까? 나뿐 아니라 함께 하는 친구들도 그렇게 되도록 영향을 끼친다면 얼마나 좋은 일인가?

②
먼저
좋은 친구가 되자

목이 잘린다 해도 후회하지 않을 정도의 사이

염파는 조나라 장수였다. 전쟁에서 큰 공을 세우고 상경(지금의 장관이나 차관)이 되었다. 인상여는 조나라 사람으로 당시 내시 무현의 식객이었다. 옛날에는 힘 있는 벼슬아치들이 집에 식객을 들여 국정에 관한 이런저런 아이디어를 들었다. 식객들은 벼슬자리를 얻기 위해 유력자 집에 머물렀다.

인상여는 내시 무현의 추천으로 처음 나랏일을 맡아 진나라에 가는 사신이 되었다. 인상여는 진나라 왕이 귀한 보물을 강제로 빼앗으려 할 때 사신으로 가서 조금도 기죽지 않는 모습으로 보물을 지켰다.(완벽의 유래 참고) 이후 그는 국가에 몇 번 더 큰 공을 세워 염파보다 높은 자리에 올랐다. 당연히 염파는 기분이 좋지 않았다.

완벽(完璧)의 유래

전국시대 조나라에는 '화씨의 구슬(和氏璧)'이라는 귀한 보물이 있었다. 이 소식을 들은 강대국 진(秦)나라 왕은 조나라에 사신을 보내 15개 성과 화씨의 구슬을 바꾸자고 제안했다. 물론 구슬만 받고 성은 내주지 않을 속셈이었다.

조나라는 고민 끝에 인상여를 사신으로 보냈다. 인상여는 떠나기 전 구슬을 흠집 하나 없이, 즉 완벽한 상태로 가지고 되돌아오겠다고 다짐했다. 인상여가 구슬을 진나라 왕에게 바쳤는데, 구슬을 본 왕은 감탄만 할 뿐 성을 주겠다는 말을 하지 않았다. 이에 인상여는 "구슬에는 흠집이 하나 있습니다. 제가 알려드리겠습니다"라고 하였다.

진나라 왕은 의심 없이 구슬을 넘겨주었고, 구슬을 받아 든 인상여는 그 자리에서 구슬을 머리 높이 들고 던질 듯한 태세로 말했다.

"진나라는 강한 나라입니다. 왕께서 성을 주시지 않는다 해도 조나라에서는 아무 말도 하지 못할 것입니다. 그렇지만 저는 성을 받지 못한다면 이 구슬과 함께 기둥에 머리를 박고 산산조각이 나겠습니다."

진나라 왕은 인상여를 물러가도록 허락했고, 결국 화씨의 구슬은 완벽한 모습으로 조나라에 돌아왔다.

그래서 염파는 주변에 이렇게 말했다.

"나는 장수로서 전쟁에서 큰 공을 많이 세웠다. 그런데 인상여는 그저 혀를 놀리는 일만 했을 뿐인데 나보다 높은 자리에 올랐다. 더구나 상여는 본디 천한 사람이다. 내가 부끄러워 차마 그 아래에 있지 못하겠다. 내가 상여를 만나면 반드시 욕을 보일 것이다."

이 말을 듣고 인상여는 염파와 마주치지 않으려 했다. 염파와 마주할 일이 생기면 인상여는 늘 병을 핑계로 자리를 피했다. 그러던 어느 날 인상여가 외출하는데 저 멀리 염파가 보였다. 이를 본 상여는 마차를 끌고 숨어 버렸다. 그러자 아랫사람들이 이렇게 건의하였다.

"신들이 친척을 떠나 나리를 모신 것은 오로지 나리의 고상한 의리를 흠모했기 때문입니다. 지금 염파와 같은 반열이 되었는데, 염파는 대놓고 나쁜 말을 하고 나리께서는 그를 두려워하며 피하시는데 정도가 너무 심합니다. 이는 보통 사람도 부끄러워하는 일입니다. 못난 신들은 나리를 떠나겠습니다."

그러자 인상여는 한사코 그들을 말리며 이렇게 말했다.

"공들은 염 장군과 진나라 왕 중 누가 더 대단하다고 생각하시오?"

"염 장군이 못하지요."

"그 진나라 왕의 위세 앞에서 이 상여는 호통을 쳤고, 진나라 왕의 신하들을 욕보였습니다. 내가 아무리 못났어도 염 장군을 겁내겠습니까? 내가 생각하기에 강한 진나라가 감히 조나라를 공격하지 못하는 이유는 염 장군과 나, 우리 두 사람이 있기 때문입니다. 지금 호랑이 두 마리가 한데 어울려 싸우면 모두 살아남지 못합니다. 내가 염 장군을 피하는 이유는 나라의 급한 일이 먼저고, 사사로운 원한은 나중이기 때문입니다."

염파가 인상여가 한 말을 전해 들었다. 염파는 웃통을 벗고 가시나무를 등에 진 채 인상여 집 문에 이르러 정중히 사죄하였다.

"이 비천한 자가 장군께서 이토록 너그러우신 줄 몰랐습니다."

마침내 두 사람은 서로를 좋아하게 되어 문경지우(刎頸之友)가 되었다. 문경은 목을 내놓는다는 뜻이다. 서로를 위해서라면 목이 잘린다 해도 후회하지 않을 정도의 사이라는 뜻으로, 생사를 같이할 수 있는 아주 가까운 사이, 또는 그런 친구를 이르는 말이다.

친구를 우선으로 생각하는 관포지교

문경지우와 같은 좋은 친구 관계를 관포지교(管鮑之交)라고도 한다. 관포지교는 관중과 포숙아의 우정에서 따온 말이다. 두 사람은 각자 왕자를 곁에서 모시는 일을 맡아 했다. 두 왕자가 왕위를 놓고 경쟁할 때, 관중은 주인을 위하여 포숙아가 모시는 왕자를 화살로 쏴 죽이려다 실패했다. 포숙아가 모시는 왕자가 왕의 자리에 오르자 관중은 죽을 운명이 되었다. 이때 포숙아가 왕에게 말했다.

"신이 다행히 주군을 모시게 되었는데, 주군께서는 결국 왕의 자리에 오르셨습니다. 주군께서는 높이 되셨기에 신으로서는 주군을 더 높여 드릴 수가 없습니다. 주군께서 장차 제나라 같은 작은 나라만 다스리시려고 한다면 고혜와 저 포숙이면 충분할 것입니다. 주군께서 천하를 다스리려 하신다면 장차 관중이 아니면 불가능합니다. 관중이 어느 나라에 머물건 그 나라는 강성해질 것이니 놓치면 안 됩니다."

　포숙아는 자리를 놓고 관중과 다투지 않았다. 늘 관중을 감싸고 관중의 처지에서 이해하였다. 포숙아는 젊을 때부터 관중의 유능함을 알아주었다. 관중은 가난하여 늘 포숙을 속였지만, 포숙은 끝까지 관중을 잘 대했다.

　관중의 고백을 들어보자.

　"내가 처음 곤궁할 때 포숙과 장사를 했다. 이익을 나누면 내가 많이 가져갔다. 포숙은 내가 욕심이 많다고 여기지 않았는데, 내가 가난하다는 것을 알았기 때문이다. 내가 일찍이 포숙과 일을 꾀하다가 더 큰 곤궁에 빠진 적이 있었다. 포숙은 내가 어리석다고 생각하지 않았는데, 시기에 좋고 나쁨이 있다는 것을 알았기 때문이다. 내가 세 번이나 벼슬에 나갔다가 세 번 모두 쫓겨났다. 포숙은 내가 못났다고 여기지 않았는데, 내가 때를 못 만났다는 것을 알았기 때문이다. 내가 세 번 전투에 나가 세 번 도망쳤지만, 포숙은 나를 겁쟁이로 생각하지 않았다. 내게 늙은 어머니가 계시다는 것을 알았기 때문이다. 내가 죄수가 되어 굴욕을 당했지만, 포숙은 나를 부끄러움도 모르는 사람이라고 생각하지 않았다. 내가 작은 절개를 지키는 것에는 부끄러움을 느끼지 않지만, 천하에 공명을 드러내지 못하는 것을 부끄러워한다는 것을 알았기 때문이다. 날 낳아주신 분은 부모지만, 날 알아준 사람은 포숙이다!"

친구는 우정을 쌓은 관계이기도 하고, 경쟁하는 관계이기도 하다. 인상여와 염파가 그랬고, 관중과 포숙아도 그랬다. 염파의 시기에 무대응으로 일관한 인상여를 대단하게 생각하겠지만, 필자는 오히려 염파를 높이 사고 싶다. 과거에 자기보다 신분이 한참 아래였던 사람을 찾아가 문 앞에서 '웃통을 벗고 가시나무를 등에 진 채' 자신을 '빈천한 자'로 여기며 정중히 사죄하는 게 보통 그릇으로는 불가능한 일이기 때문이다. 포숙아는 또 어떤가? 관중이 어떤 처지에 놓이든, 어떤 행동을 하든 포숙아는 관중의 처지에서 이해하려 했다. 관중은 포숙아의 인정과 기대를 저버리지 않았다. '염파와 포숙아 같은 친구가 있으면 얼마나 좋을까' 하고 부러워할 사람도 있을지 모르겠다. 내가 먼저 그런 친구가 되는 것은 어떨까?

3

관계의 바탕은
신뢰다

신뢰를 얻으면 설득이 필요없다

신뢰는 관계의 바탕이다. 말이 믿을 만한가, 그렇지 않은가는 그 사람의 평소 생활로 가늠할 수 있다. 신뢰는 말이 아니라 행동과 관련 있다. 오랜 시간 상대에게 믿음을 주었을 때 얻을 수 있는 것이다.

탕왕은 하(夏)나라를 멸하고, 은(殷)나라를 세웠다. 이때 탕왕을 도와 은나라를 건국하는 데 큰 역할을 한 이윤이라는 신하가 있었다. 이윤은 탕왕을 만나고 싶었으나, 구실이 없자 꾀를 내었다. 탕왕과 혼인하여 왕비가 될 사람은 마침 이윤과 고향이 같은 여자였는데, 이윤은 탕왕을 만나기 위해 그녀의 요리사가 되었다. 탕왕이 미식가였다는 기록은 없지만, 음식을 즐기는 성향이 있었을 것이다. 이윤은 그런 탕왕의 특징을 활용했다. 이윤은 맛있는 음식으로 탕왕에게 접근하여 신뢰를 얻은 후, 요리 과정을 통치에 비유하여 탕왕을 설득하였다.

이 대목에서 우리는 '신뢰를 얻은 후에 설득했다'는 사실에 주목해야 한다. 이윤은 왕의 신뢰를 얻으려고 오랜 기간 기다리고 기회를 엿보며 고민했을 것이다. 신뢰가 없으면 어떠한 좋은 말로도 설득하기 힘들다는 사실을 알기 때문이다.

이미 고인이 된 구본형 선생이 쓴 《사람에게서 구하라》에는 콜린 파월이 신뢰를 얻기 위해 어떻게 했는지 잘 나타나 있다. 파월이 국무장관으로 취임한 직후 지인에게 보낸 편지에 다음과 같은 내용이 있다.

> 모두들 내가 국무부 조직의 판을 다시 짜기를 바랍니다. 그러나 나는 이 사람들이 내 편이 되기를 기다릴 것입니다. 그들이 나의 리더십을 믿을 때까지 재조직을 감행하지 않을 것입니다.

파월은 변화를 시도할 때 듣고, 배우고, 사람들을 참여시키려고 엄청난 시간을 들인 사람이다. 그러나 모든 사람에게 만족을 주려고 하지는 않았다. 단지 기반을 조성하는 데 성실했다는 뜻이다. 그는 때가 되면 변화의 앞에 설 준비가 되어 있었다. 중요한 점은 자신을 믿고 따르게 하려고 먼저 많이 투자하고, 그렇게 얻는 신뢰를 기반으로 하여 변화를 도모했다는 사실이다. 사람들에게 신뢰를 얻지 못하면 아무것도 설득할 수 없다는 사실을 알았기 때문이다.

신뢰는 영향력이다

《사기》에는 신뢰를 구축하려고 노력한 인물들이 많이 나온다. 먼저 조나라 평원군을 보자. 평원군 조승은 조나라 왕자로, 가장 똑똑하였으며, 빈객을 좋아하여 찾아온 빈객이 수천 명에 이르렀다.

평원군 저택 누각은 민가를 내려다볼 수 있는 곳에 있었는데, 그중 한 민가에는 다리를 절고 꼽추인 장애인이 살고 있었다. 그는 다리를 절면서도 손수 물을 길어다 먹었다. 어느 날 평원군의 애첩이 그가 다리를 저는 모습이 우습다고 깔깔거리며 소리 내어 웃었다. 그러자 이튿날 그가 평원군의 저택으로 찾아와 이렇게 말하였다.

"저는 나리께서 선비들을 아주 잘 대접하신다고 들었습니다. 또 선비들 역시 천 리를 멀다 여기지 않고 나리를 찾아오는 것은, 선비들을 소중히 여기고 첩을 하찮게 여긴다고 생각하기 때문입니다. 그런데 나리의 첩은 제가 다리를 절뚝거리고 곱사등인 것을 보고 비웃었습니다. 그러니 저를 비웃은 애첩의 목을 베어 주십시오."

그러자 평원군은 웃으며 "알았소" 하고 답하였다. 그러나 그가 물러가자 평원군은 이렇게 말하였다.

"이 녀석 좀 보게. 한 번 웃었다는 이유로 내 애첩을 죽이라니 너무 심하지 않은가?"

그리고 평원군은 끝내 애첩을 죽이지 않았다. 그러자 그때부터 빈객들이 하나둘씩 떠나가더니 일 년이 채 못 되어 절반으로 줄어들고 말았다. 평원군은 그 까닭을 몰라 빈객들에게 물어보았다.

"내가 여러분을 대우하는 데 조금도 소홀함이 없었다고 생각하는데, 떠나는 식객이 이렇게 많으니 어찌된 일이오?"

그러자 문인 중 하나가 앞으로 나서며 이렇게 대답하였다.

"나리께서는 지난번에 장애인이 다리 저는 모습을 보고 비웃은 첩을 죽이지 않았습니다. 그래서 나리가 여자를 좋아하고, 선비쯤은 하찮게 여긴다고 생각하기 때문입니다. 이에 모두 떠나는 것입니다."

그제서야 평원군은 장애인을 비웃은 애첩의 목을 베어 들고 몸소 그를 찾아가 사과하였다. 이 일이 세상에 알려지자 다시 빈객들이 모여들었다.

신뢰는 영향력과 관련 있다. 신뢰를 잃으면 더는 영향력을 발휘할 수 없다. 왕의 아들로 태어나 나라의 재상을 지낸 지체 높은 사람이 애첩의 목을 들고 장애인을 찾아가 사과하였다는 사실에 주목할 필요가 있다. 평원군의 인물 됨됨이를 알 수 있는 대목이다. 다른 사람이라면 오히려 건방지다며 장애인의 목을 베었을 것이다. 그러나 평원군은 이렇게 겸손해짐으로써 사람들에게서 신뢰를 회복할 수 있었다. 그리고 신뢰를 쌓은 결과, 훗날 큰 위기 상황일 때 결사대를 지원하는 용사 3천 명을 얻게 되었다.

신뢰는 협업할 때나 사람을 만날 때 전제 조건이 된다. 아무리 화려한 말을 쏟아내더라도 상대방이 그 말을 믿지 않으면 공염불로 그치고 만다. 앞의 몇몇 사례에서 살펴보았듯이 신뢰는 하루아침에 말로써 쌓을 수 있는 것이 아니다. 신뢰는 오랜 시간 공을 들여야 하고, 행동으로 보여줘야 한다. 이윤이 그랬고, 콜린 파월이 그랬다. 평소 신뢰를 쌓아 놓으면 위기 상황 같은 결정적인 순간에 도움을 받는다. 역사가 이를 가르쳐 주고 있다.

먼저
베풀어라

신뢰는 곧 사람을 얻는 것

사람들을 빚지게 하라는 말을 알 것이다. 비즈니스에서 흔히 하는 말이다. 선물하고, 문제를 해결해 주고, 어려울 때 도움을 주고, 부탁을 흔쾌히 들어주는 일은 상대를 빚지게 하려는 것이다. 굳이 비즈니스 목적이 아니라도 우리 주변에는 대가 없이 베푸는 사람도 많다. 이렇게 베푸는 마음은 평소에 신뢰를 쌓는 아주 좋은 방법이다.

신뢰를 얻는 것은 곧 사람을 얻는 것이다. 신뢰로 사람을 얻었다면 굳이 긴말이 필요 없다. 당신 말이라면 무조건 믿겠다는 사람에게 설득이 무슨 필요가 있겠는가. 평소 사람들에게 베푼 선심이 위기 때 어떤 역할을 하는지 살펴보자. 다음은 각각 《전국책》과 《여씨춘추》에 나온 이야기다.

전국시대에 중산군이라는 왕이 신하들을 불러 잔치를 벌였다. 이때 대부 사마자기도 초청받았다. 그런데 양고기 국을 나눠 먹을 때 마침 사마자기에게 그 몫이 돌아가지 않았다. 그 일로 사마자기는 노하여 초(楚)나라로 달려가 초나라 왕(楚王)을 부추겨 중산군을 공격하도록 하였다.

전쟁 중 중산군이 도망을 다니고 있을 때, 어떤 두 사람이 창을 들고 그 뒤를 따르며 지켜 주고 있었다. 중산군이 뒤를 돌아보며 두 사람에게 물었다.

"그대들은 누군가?"

"저희 아버지께서 일찍이 배가 고파 죽기 직전에 왕께서 식은 밥을 내려주어 살려 주셨습니다. 그 후 아버님이 돌아가실 때 '만약 임금에게 무슨 일이 생기거든 죽음으로써 보답하라'고 유언하셨습니다. 그런 이유로 왕을 위하여 목숨을 바치려고 따라나선 것입니다."

이에 중산군은 하늘을 우러러 탄식하였다.

"남에게 무엇을 베풀 때는 양이 많고 적음에 있는 것이 아니라 몹시 어려울 때 베푸는 것이 중요하며, 남에게 원한을 살 때는 깊고 얕음에 있는 것이 아니라 그 마음을 상하게 하는 데 있구나. 내가 양고기 국물 한 그릇에 나라를 망쳤고, 찬밥 한 그릇으로 두 용사를 얻었구나."

조간자는 진(晋)나라에서 영향력이 큰 권력자였다. 17년 동안 국정을 장악하고 막강한 권력을 누렸다. 조간자에게 흰 노새 두 마리가 있었다. 그는 노새 두 마리를 무척 아꼈다. 조간자의 가신 서거는 병이 있어서 광문의 마을에 거주했는데, 어느 날 밤에 성문을 두드리며 사정했다.

"주인님 저에게 병이 있습니다. 의원이 알려주기를 '흰 노새의 간을 구하면 병이 나을 것이나 구하지 못하면 죽을 것이오'라고 했습니다."

조간자를 곁에서 모시고 있던 사람이 성을 내며 말했다.

"저런 고약한 것! 서거 저놈은 주인님의 노새를 바라고 저러는 것이니, 제가 가서 저놈을 베어버리겠습니다. 허락하여 주십시오."

그러자 조간자가 대답했다.

"무릇 사람을 죽여서 짐승을 살린다면 좋지 않은 일이다. 그러나 짐승을 죽여서 사람을 살린다면 얼마나 좋은 일이냐."

그리고는 요리사를 불러 흰 노새를 잡게 하고, 그 간을 꺼내어 서거에게 주었다. 그 후 얼마 안 있어 조나라가 군사를 일으켜 다른 나라를 침공하게 되었다. 그러자 서거가 사는 광문의 마을에서 좌로 칠백, 우로 칠백 명이 각각 모여들더니 모두가 앞다퉈 수레에 올라가서 적군의 우두머리를 사로잡았다.

은혜는 잊지 말고, 베푼 것은 잊어라

선심은 남에게 은혜를 베푸는 일이다. 사람들은 작은 일에 원한을 품고, 작은 일에 고마움을 느낀다. 중산군이 잔치를 베풀었을 때 양고기 국을 주지 않자 사마자기는 노하여 초나라 왕에게 달려가 중산군을 치게 하였다. 겨우 국 한 그릇에 마음이 상한 것일까? 아니면 그동안 여러 가지 일로 불만이 쌓여 있다가 국 한 그릇으로 폭발한 것일까? 사람은 이렇게 사소한 것에 마음이 상한다. 그런데 또 배고픈 사람에게 식은밥을 베푼 덕에 도움을 받았다.

조간자는 노새를 잡아 간을 내주어 사람을 살리는 선심을 베푼 결과, 백성들의 신뢰를 얻어 전쟁에서 공을 세웠다. 평소 신뢰를 얻지 못한 사람이 "전쟁이 일어났으니 모두 전쟁터로 나가 싸웁시다"라고 말한다고 해서 될 일이 아니다. 이처럼 신뢰는 평소 행동으로 쌓는 것이다. 다음과 같은 중산군의의 탄식을 마음에 깊이 새겨야 할 것이다.

남에게 무엇을 베풀 때는 양이 많고 적음에 있는 것이 아니라 몹시 어려울 때 베푸는 것이 중요하며, 남에게 원한을 살 때는 깊고 얕음에 있는 것이 아니라 그 마음을 상하게 하는 데 있구나.

그런데 선심으로 신뢰를 얻을 때 명심해야 할 점이 있다. 신뢰를 얻기 위해서는 남이 나에게 베푼 것은 절대 잊지 말아야 하지만, 내가 남에게 베푼 선심은 즉시 잊어야 한다는 것이다. 인색하면 신뢰를 얻을 수 없다. 백 마디 말보다 한 번의 행동이 다른 사람의 마음을 움직일 수 있다. 인색하여 다른 사람의 신뢰를 얻지 못하는 사람이라면 마음에 새겨둘 만한 좋은 말이 《노자》에 나와 있다.

　성인은 자기를 위해 쌓아 놓지 않는다. 본래 남을 위하여 모두 주면 도리어 있는 것이 더욱 나아지고, 남을 위하여 모두 베풀다 보면 도리어 점점 더 많게 된다. 하늘의 도는 오직 만물을 이롭게만 하고 피해를 주지 않으며, 성인의 도는 오직 남을 위하여 베풀기만 하고 다투지 않는다.

　그러니 먼저 베풀어라. 베풀고 나서는 잊어라. 나중에 돌려받을 마음으로 베푼다면 선심이 아니다. 베풀 때는 양이 많고 적음이 중요하지 않다. 상대가 몹시 어려울 때 베풀어라. 명심하라. 남이 나에게 베푼 것은 절대 잊지 마라.

5
남의 잘못은
너그럽게 용서하자

신뢰를 낳는 용서

오(吳)나라 왕이 사신으로 온 원앙(袁盎)을 장군으로 삼고자 하였다. 그러나 그가 말을 듣지 않자 죽여 없애려고 도위 한 사람에게 군사 오백 명을 거느리고 원앙을 감시하도록 하였다.

한편 이에 앞서 원앙이 오나라 재상으로 있을 무렵, 그의 아래 관원 한 사람이 원앙의 시녀와 밀통한 일이 있었다. 그때 원앙은 이 사실을 알면서도 아는 체하지 않고 전과 다름없이 대해 주었다. 그런데 누군가가 관원에게 이렇게 말하였다.

"재상께서 자네가 시녀와 밀통하고 있는 것을 알고 계신다네."

이 말을 듣자 그는 재빨리 고향으로 달아났다. 그것을 안 원앙은 직접 말을 달려 뒤쫓아 그를 데리고 돌아왔다. 그리고 자기 시녀를 그에게 주고, 전처럼 지내게 하였다.

그런데 이번에 원앙이 오나라에 사신으로 가서 포위되어 감시당하고 있을 때, 공교롭게도 과거 관원이었던 그 자가 원앙을 감시하게 되었다. 그는 가지고 있던 옷가지와 물건들을 몽땅 팔아 독한 술 두 섬을 샀다. 마침 날씨가 무척 추운 때였고, 사졸들은 굶주리고 목말라 있었다. 술을 내주자 사졸들은 모두 취하도록 마시고 잠들었다. 밤이 깊어지자 관원은 원앙을 깨워 이렇게 말하였다.

"어서 달아나십시오. 왕은 내일쯤 상공을 죽일 것입니다."

원앙은 이런 상황이 믿어지지 않아서 그에게 물었다.

"당신은 누구요?"

"소인은 전에 관원으로 있던 사람으로 상공의 시녀와 밀통한 자입니다."

그러자 원앙은 놀라며 거절하였다.

"그대는 양친이 살아 계시지 않은가? 나로 인해 그대에게 누를 끼칠 생각은 없네."

이에 관원이 재촉하였다.

"상공께서는 달아나시기만 하면 됩니다. 저도 도망쳐 양친을 피신시키면 될 텐데 무슨 걱정을 하십니까?"

관원은 칼로 군막을 찢고 원앙을 인도하여 빠져나온 다음, 서로 반대 방향으로 달아났다.

《여씨춘추》에도 평소 관용을 베풀어 위기의 순간에 도움을 받은 진목공(秦穆公) 이야기가 나온다.

옛날에 진(秦)나라 목공(穆公)이 수레를 몰다가 수레가 부서졌는데, 수레를 끌던 말 한 마리가 달아나자 어느 시골 사람이 이를 잡아갔다. 목공이 몸소 말을 되찾으러 갔다가 시골 사람이 기산의 남쪽 기슭에서 말을 잡아서 막 먹으려는 모습을 보았다. 목공이 탄식하여 말하였다.

"준마의 고기를 먹고서 빨리 술을 마시지 않으니, 나는 말고기가 그대의 몸을 상하게 하지나 않을까 걱정되오."

그리고는 빠짐없이 두루 술을 마시게 하고는 돌아갔다.

그로부터 일 년이 지나 한원에서 전투가 벌어졌는데, 진(晉)나라 군대가 이미 목공의 수레를 포위했고, 진나라 군인이 목공 왼쪽 곁말의 고삐를 이미 낚아챈 상태였다. 진나라 장수가 창을 휘둘러 목공의 갑옷을 치니, 그의 갑옷에서 떨어져 나간 비늘이 이미 여섯 조각이나 되었다. 이때 기산의 남쪽 기슭에서 말고기를 먹었던 시골 사람을 비롯한 그의 족속 3백여 명이 목공을 위하여 그의 수레 아래서 힘껏 싸웠다. 그리고 마침내 그 무리가 진나라 군대를 물리쳤다.

《시경》에 이런 말이 있다.

군자에게 임금 노릇을 하려면 올바르게 함으로써 덕을 행하고,

천한 사람에게 임금 노릇을 하려면 관대하게 함으로써 그들의 힘을 다하게 한다. 임금이 어찌 덕을 행하고 백성을 아끼는 데 힘쓰지 않을 수 있겠는가? 덕을 행하고 백성을 아끼면 백성들이 그들의 임금을 어버이로 여기고, 모두가 그들의 임금을 위하여 기꺼이 목숨을 바친다.

용서는 건강에도 좋다

위스콘신대학교의 로버트 앤라이트 박사는 국제용서연구소를 창립하고, 용서를 연구하는 사람이다. 그의 연구 결과에 따르면, 용서를 잘하는 사람이 있고, 잘못하는 사람이 있다고 한다. 어떤 사람이 용서를 못할까? 일반적으로 신경질적이며 노여움을 잘 타는 사람들은 오랜 기간이 지난 후에도 용서하기가 힘들다고 한다. 특히 이들은 오랜 시간이 흘러도 복수를 원한다고 한다. 중요한 사실은 용서의 효과다. 용서하는 사람은 분노를 담고 있는 사람보다 더 행복하고 건강하게 산다고 한다. 용서를 잘 못하는 사람일수록 건강에 문제가 많다고 한다.

관용과 용서는 유연성과 관계가 있다. 원칙과 법을 지키는 것도 중요하지만, 유연성 있는 관용이 설득력을 발휘할 때가 많다. 재상의 시녀와 밀통한 부하라면 엄하게 다스렸을 법도 한데, 원앙은 유연성을 발휘하여 그를 용서했다. 왕의 말을 잡아먹은 사건은 또 어떠한가. 상상이나 할 수 있겠는가. 그러나 목공은 오히려 술을 사 먹이는 관용을 베풀었다. 유연한 태도는 감정적인 자극에 휩싸이지 않고, 이성적으로 대처하게 한다.

6

사소한 약속도
귀하게 여기자

사소한 약속이란 없다

증자의 아내가 시장에 가는데, 아들이 따라오며 울자 이렇게 말했다.

"너는 돌아가거라. 시장에서 돌아오면 너에게 돼지를 잡아 주마."

증자의 아내가 마침 시장에서 돌아왔을 때, 증자가 돼지를 잡으려고 하고 있었다. 그러자 그의 아내가 만류하며 말했다.

"단지 아이를 달래려고 한 말일 뿐입니다."

아내의 말에 증자가 말했다.

"아이는 거짓말 상대가 될 수 없소. 아이는 지식이 없으므로 부모에게 기대어 배우고, 부모의 가르침을 듣소. 지금 아이를 속이면, 이것은 아이에게 거짓말을 가르치는 것이오. 어머니가 아들을 속이면, 아들은 그 어머니를 믿지 않을 것이오. 이것은 자식을 올바로 가르치는 방법이 아니오."

그러고는 돼지를 잡아 삶았다.

《전국책》에도 약속에 대해 큰 깨달음을 주는 이야기가 나온다.

위(魏)나라 문후(文侯)가 우인(사냥터를 돌보는 관리)과 사냥을 가기로 약속해 놓고 있었다. 마침 그날 잔치가 벌어져 즐거운데다 비까지 내리고 있었다. 그런데도 문후가 나서려고 하자 좌우가 물었다.

"오늘 주연이 이렇게 즐겁고 비까지 내리는데, 공께서는 그래도 나가시려고 합니까?"

이 말에 문후가 이렇게 대답했다.

"내가 우인과 사냥을 약속하였는데, 노는 것이 더 즐겁다고 어찌 한 번 맺은 약속을 저버릴 수 있겠는가?"

그리고는 몸소 우인을 찾아가 사냥 약속을 미루고 돌아왔다. 위나라는 이때부터 강성해지기 시작했다.

증자의 아내는 시장을 쫓아오는 아들을 돌려보내기 위해 순간을 모면하려는 생각에 돼지를 잡아 주겠다고 약속했다. 이런 약속은 대개 건성으로 하는 것이라 바로 잊어버리기 마련이다. 그러나 증자는 결국 돼지를 잡았다.

또한 위나라 문후가 사냥터 관리인과 한 약속은 왕이 볼 때 하찮은 것일 수 있다. 이런 경우, 신하를 시켜 비가 와 사냥 약속을 뒤로 미루겠다고 전해도 될 것이다. 그러나 문후는 손수 찾아가서 약속을 미루고 돌아왔다. 약속을 지키는 것이 얼마나 중요한지 알았던 것이다. 그 이후부터 위나라는 강성해졌다고 하니 신뢰가 갖는 힘이 얼마나 위대한지 알 수 있다. 사실 신뢰는 작은 일로 얻을 수도 있고, 작은 일로 잃을 수도 있다.

약속을 잘 지켜 주변의 신뢰를 얻고, 큰 이득을 본 왕이 또 있다. 《한비자》에 나온 그 왕의 이야기를 들어보자.

진나라 문공이 원을 공격하기로 했을 때, 열흘분의 식량을 준비시키면서 대부들과 열흘 안으로 함락하기로 기한을 정했다. 그러나 원에 이른 지 열흘이 지났지만 함락하지 못하자, 문공은 종을 쳐서 병사를 물러나게 한 뒤 떠나려고 했다. 그때 원나라 병사가 성에서 나와 이렇게 말했다.

"원은 사흘이면 함락됩니다."

주위에 있는 신하들이 간언했다.

"원은 식량이 떨어지고 힘이 다했습니다. 주군께서는 잠시 기다리십시오."

그러자 문공이 말했다.

"나는 대부들과 열흘을 기한으로 정했는데, 함락하지 못했다고 해서 떠나지 않는다면 신의를 잃게 될 것이오. 나는 원을 얻으나 신의를 잃는 일은 하지 않겠소."

이렇게 말한 후 문공은 마침내 병사를 거두어 떠났다. 원나라 사람들이 이 소식을 듣고 말했다.

"그와 같이 신의가 있는 군주라면 항복하지 않을 수 있겠는가?"

그리고는 문공에게 항복을 해왔다. 이에 공자는 이 소식을 듣고 이렇게 기록했다.

"원을 공격해 위나라까지 얻은 것은 신의가 있었기 때문이다."

진나라 문공의 처사는 어찌 보면 고지식하고 융통성이 없어 보일수 있다. 애초에 열흘 안에 전쟁을 마무리 짓기로 약속했지만, 상황에 따라 며칠 정도 융통성을 발휘할 수도 있었을 것이다. 그러나 문공은 융통성보다는 신의를 중히 여겼다. 권력을 가진 왕이라 하더라도 신하들과 한 약속을 철저히 지킨 것이다.

친구들의 신뢰를 이끌어낸 유림이

청소년들이 친구들과 어떻게 신뢰를 얻고 잃는지 교실로 들어가 관찰해보자.

유림이는 심리학 분야의 전문가가 되고자 하는 의지가 확고했다. 학업에 최선을 다하는 자세가 모범이었고, 리더십이 뛰어난 학생이었다. 고등학교에 입학해 유림이는 학급 반장이 되기를 희망했다. 유림이가 고등학교 1학년에 입학한 2021년은 유난히 적극적인 학생들이 많은 해였다. 반장 후보로 3명이 나왔고, 모두 훌륭한 학생이었다. 학급을 위해 가장 현실적이고 실천 가능한 공약이 많았지만, 선거 공약을 발표하는 날 유림이는 너무 떨었다. 고등학교 1학년 1학기 학급 반장 선거는 친구들에 대한 정보가 없다. 그래서 선거 공약을 말할 때 자신감이 중요한데, 고등학생이 된 후 처음 발표라 유림이는 자신의 생각을 명확히 말하지 못했다. 그 결과, 유림이는 아쉽게도 반장에 당선되지 못했다.

담임이었던 필자는 안타까운 마음에 유림이에게 위로를 전했다. 유림이는 자신이 반장 선거에서 왜 떨어졌는지 분석한 후, 그 과정에서 배운 게 많다고 말했다. 보통 아이들이라면 마음이 상해 의기소침했을 텐데 유림이는 달랐다. 그 후 유림이는 반장보다 더 확실한 존재가 되었다. 담임 부재 시 종례 사항을 학급 SNS에 공지하고, 아침 자습 시간에 정숙 지도를 했으며, 모든 부분에서 솔선수범으로 리더십을 보여주었다.

2학기에 유림이는 다시 반장에 도전했다. 이번엔 남학생 1명과 여학생 3명이 반장 선거에 나왔고, 역시 모두 성실한 학생이었다. 1학기 때 의대를 목표로 묵묵히 자신의 공부만 하던 남학생이 학급을 위해 자신을 희생하겠다고 공약했다. 더욱이 자기가 공부한 내용을 학급 친구들에게 모두 알려주겠다는 공약은 강력했다. 유림이는 1표 차이로 낙선했다.

하지만 학급 반장에 당선된 남학생은 공약을 제대로 지키지 않았다. 1학기 때와 마찬가지로 자기 공부는 열심히 했지만, 학급을 위해 어떤 희생도 하지 않았고, 공부한 내용을 공유하지도 않았다. 2학기 반장 역할을 유림이가 대신하다시피 했다. 고등학교 1학년 때 유림이의 학교생활을 인정한 친구들은 학년이 올라가면서 무조건적인 지지를 보냈다. 그 결과, 유림이는 고등학교 2학년부터 3학년 때까지 2년간 반장을 계속했다. 필자는 유림이의 학생생활기록부에 이런 내용을 남겼다.

"열정이 있는 학생. 탁월한 리더십으로 맡은 임무를 완벽하게 처리하며, 학급에서 일어나는 크고 작은 갈등에 중재 역할을 매우 잘함. 학급 반장에 도전했으나 공약을 말할 때 살짝 긴장하여 근소한 차이로 낙선했지만, 1년 동안 사실상 학급 반장 역할을 함. 또한 실패에 좌절하지 않고, 그 안에서 배움을 찾는 태도가 매우 훌륭함. 성적이 잘 오르지 않아도 포기하지 않고, 부족한 부분을 찾아 노력하며, 궁금한 점이 있으면 선생님께 찾아와 질문하는 등 학업을 향한 호기심과 열정이 있는 학생임. (중략) 교육·심리 분야에 관심 있는 친구들과 협력하여 학급 익명 고민함을 만들어 학교생활, 입시 정보, 연애 고민 등 친구들의 고충을 듣고 답변해 주는 역할을 함. 장난스러운 질문엔 재치 있게 답변을 하고, 진지한 고민은 경험을 토대로 답하며 친구들과 유대감을 형성한 부분이 모범이 됨."

그 후 유림이는 서울에 있는 명문 대학교에 학생부종합전형으로 합격했다. 합격한 이유는 여러 가지가 있겠지만, 특히 희생과 봉사, 약속을 지킴으로써 친구들 사이에서 신뢰를 얻은 부분이 중요하게 작용했을 것이다. 앞으로 유림이의 꿈과 희망이 가득한 미래가 더욱 기대된다.

7

겸손하고,
먼저 희생하자

교만하면 사람이 찾지 않는다

굳이 몸을 낮추지 않아도 될 때 낮추는 것이 겸손이다. 사람들에게 영향력을 끼치는 리더가 되려면 자신의 능력도 중요하지만, 주변에서 돕는 사람들의 능력 역시 중요하다. 리더는 이러한 사람들을 잘 관리하고, 이들에게 동기를 부여하여 행동하도록 만드는 능력이 필요하다.

어떤 지혜로운 자가 왕에게 이렇게 말했다.

"의자에 앉아 거드름이나 피우고 눈을 부라리면서 일만 시키면 그저 마구간 잡역부 정도나 찾아오겠지요. 미워하고 분격하며 방자하고 핑계 대며 꾸짖기만 할 줄 아는 자에게는 노예들이나 겨우 찾아오는 법입니다. 왕께서 진실로 나라 안의 현자를 널리 선택하시려거든 먼저 그 문하에 몸을 굽혀 찾아가십시오. 왕이 그렇게 겸손히 어진 자를 구한다는 것을 듣게 되면 천하의 선비들이 틀림없이 달려올 것입니다."

겸손이 얼마나 중요한지 알 수 있는 말이다. 교만하고 힘으로 사람들을 제압하려는 자에게는 사람이 붙지 않는다.

한 중년 남성이 병원에 입원했다. 그는 가슴 통증을 호소했다. 젊은 의사는 환자가 심장마비를 일으킬 위험성이 높지 않다고 판단했다. 남자는 일반 환자실에 입원해 심장박동 모니터를 부착했으며, 간호사가 밤새 모니터를 관찰했다. 아침에 젊은 의사가 병실에 와서 차트를 훑어본 후 몇 분 동안 환자와 대화를 나누었다. 간호사는 의사에게 이렇게 말했다.

"밤 12시 전후에 비정상적인 심장박동이 있었어요. 중환자실로 보내는 게 좋을 것 같아요."

그러자 의사가 말했다.

"환자는 오늘 아침 몸이 나아졌다고 느끼고 있습니다. 비정상적인 심장박동이 조금 있다고 해서 중환자실로 보낼 이유는 없습니다."

"하지만 그냥 놔두면…."

간호사의 말을 가로막고 다시 의사가 말했다.

"당신은 지금까지 얼마나 많은 환자의 심장 질환을 다뤘나요? 나는 저 환자를 진찰했고, 진단을 내렸습니다. 그러니 당신은 의료 기록이나 작성하세요."

간호사는 더 이상 아무 말도 하지 않았다. 그녀는 의사에게 도움이 되지 않는 정보를 제공하는 것은 어리석은 행동이라 생각했다. 그리고 의사가 자신의 의견을 무시한 것에 분노를 느꼈다. 의사가 병실에서 나가자 간호사는 환자가 한밤중에 심한 흉통을 느꼈으며, 그 통증 때문에 팔에까지 열이 뻗쳤다는 사실을 떠올렸다. 하지만 간호사는 그 사실을 말할 필요를 느끼지 못했다. 의사가 이미 마음을 굳혔기 때문이다.

그런데 몇 시간 후에 환자의 심장 기능이 멈췄다. 심폐소생팀이 병실에 도착하기까지는 10분이 걸렸다. 환자는 기적적으로 살아났지만 생명 유지 장치에 의존하게 됐다.

겸손이 사라지면 이렇게 사람들 간에 지위를 다투는 일이 벌어진다. 하버드 협상연구소에서 일하는 다니엘 샤피로와 로저 피셔가 쓴 《원하는 것이 있다면 감정을 흔들어라》에 나오는 이야기다. 겸손이 사라지면 어떤 일이 벌어질 수 있는지를 잘 보여주는 사례. 이 상황이 단지 겸손의 문제만 보여주는 것은 아니다. 인정, 관용, 공감과 같은 다른 요소들도 부족함을 알 수 있다. 의사와 간호사가 자신을 내려놓는 겸손만 있었더라도 환자를 위험한 상황으로까지 끌고 가지는 않았을 것이다.

솔선수범이 신뢰를 낳는다

조사는 본래 조나라의 한 지방에서 조세를 맡은 하급관리였다. 그가 조세를 받아내는데, 한번은 평원군 집에서 조세를 바치려 하지 않았다. 이에 조사가 법에 따라 평원군 집안 관리자 아홉 명을 사형에 처해 버리자, 화가 난 평원군은 그를 죽이려 하였다. 그러자 조사는 이렇게 평원군을 설득하였다.

"공자는 조나라의 귀인입니다. 만일 공자 댁에서 나라에 의무를 다하지 않는 자를 그대로 둔다면 국법을 침범하는 것이 됩니다. 국법이 침범당하면 나라는 약해지고 맙니다. 나라가 약해지면 제후들이 조나라를 얕보게 될 것이며, 만일 제후들이 군사로 압박하면 조나라는 망하고 말 것입니다. 그렇게 되면, 공자 혼자 부귀를 누릴 수 있겠습니까? 공자와 같이 존귀한 분이 국법에서 정한 대로 나라의 의무를 다하면 위아래가 공정해지고, 나라는 강해질 것이며, 나라가 강해지면 조나라 기반은 더욱 튼튼해질 것입니다. 또한 공자께서는 가까운 왕족이시니 천하에 누가 감히 공자를 가볍게 대할 사람이 있겠습니까?"

평원군은 조사의 말에 감복하여 곧 왕에게 그를 천거하였다. 왕은 그를 등용하여 나라의 전체 조세를 관리하도록 하였다. 그로부터 조세는 매우 공평해졌고, 백성들은 부유해졌으며, 국고는 언제나 가득 차게 되었다.

진나라가 조나라 수도 한단을 포위하였을 때, 평원군은 초나라로 가서 구원병을 요청하고 돌아왔다. 그러나 원군이 도착하기도 전에 진나라가 재빨리 한단을 포위해 한단은 함락 직전의 위기에 처하고 말았다. 이에 평원군은 심히 걱정하였다. 이때 전사(傳舍, 여관)를 지키는 관리의 아들 이동(李同)이 평원군을 찾아왔다.

"공자께서는 조나라가 망하는 것을 걱정하지 않으십니까?"

이에 평원군이 말하였다.

"무슨 말이냐? 조나라가 망하면 나는 포로가 될 것이다. 어떻게 걱정하지 않겠느냐?"

그러자 이동이 말하였다.

"한단 백성들은 이제 땔감이 없어서 죽은 사람 뼈로 불을 지피고 있습니다. 그런데 공자께서는 후궁 부인만도 백을 헤아릴 뿐 아니라, 시녀와 하녀들까지도 비단옷을 감고, 찰밥과 고기를 배가 터지도록 먹고 있습니다. 백성들은 누더기도 제대로 걸치지 못하고 술지게미와 쌀겨도 배불리 먹지 못하고 있는데 말입니다. 또한 백성들은 무기마저 없어 나무를 깎아 창과 화살을 만들어 쓰고 있는 형편입니다. 그런데도 공자 댁에는 종과 경(磬) 같은 악기까지 전과 다름없이 지니고 계십니다. 진나라가 조나라를 이기면 공자께서는 어떻게 그것들을 계속 소지할 수 있겠습니까? 조나라가 무사할 수 있도록 공자께서는 부인이하 저택의 모든 사람에게 병졸들과 함께 일을 시키시고, 집안 모든 물자를 있는 대로 다 병사들에게 나누어 쓰도록 하십시오. 그렇게만 하신다면 병사들은 위급하고 고통스러운 처지에 놓여 있는 만큼 공자의 은혜에 더욱 감격할 것입니다."

곧 평원군은 그의 말을 따랐다. 그 결과, 결사대에 지원한 용사 3천

명을 얻게 되었다. 이동은 그 3천 명과 함께 진나라 군대를 향해 돌진하였고, 진나라 군대는 30리나 후퇴하고 말았다. 그러자 때맞추어 초나라와 위나라 원병이 도착하여 진나라 군사는 포위망을 풀고 가 버렸고, 한단은 무사할 수 있었다.

평원군 사례는 리더가 자기희생이 없이는 사람들의 신뢰를 얻을 수 없고, 영향력을 발휘할 수 없음을 증명한다. 평원군이 자기를 희생하자 '백성들은 부유해졌으며, 국고는 언제나 가득 차게 되었다'는 것을 기억하자.

《논어》〈옹야〉 편에 나오는 공자의 말도 성공을 바란다면 먼저 다른 사람의 성공을 도와주는 자기희생이 필요하다는 사실을 설명하고 있다.

어진 자는 자기가 입신하고자 할 때는 다른 사람을 세우며, 자기가 사리에 통달하고자 할 때는 다른 사람을 이루게 해준다.

타인과 관계 맺기에서 신뢰가 얼마나 중요한지 깨달았을 것이다. 신뢰는 곧 평판이다. 어제 내가 한 행동은 나의 평판으로 남는다. 좋은 평판을 듣는 사람에게는 사람이 따르게 마련이다. 협업하며 성과를 창출할 때도 유리하다. 일찍이 아리스토텔레스도 설득을 하려면 신뢰가 중요하고, 신뢰를 얻는 근거는 인품이라는 사실을 간파했다.

8

소통이
좋은 결과를 불러온다

인간은 대화로 사회적 관계를 맺는다

인간의 최대 관심사는 생존과 번식이다. 생존과 번식 중 무엇이 더 중요할까? 언뜻 보면 생존이 더 중요할 것 같다. 강의할 때 생존이 더 중요하다고 생각하는 사람과 번식이 더 중요하다고 생각하는 사람을 손들게 하면 생존에 손을 드는 사람이 더 많다. 그러나 인간은 본능적으로 번식을 더 중요하게 생각한다. 사람뿐 아니라 식물과 동물은 물론이고, 눈에 안 보이는 작은 생명체까지 살아 있는 모든 생물의 최대 관심사는 번식이다. 그렇게 진화했기 때문이다.

"아, 진짜?" 하며 놀라는 사람이 있을지도 모르겠다. '번식이라니? 생존이 더 중요하지 않나?' 하고 생각할 수도 있다. 이때 이 문제의 이해를 돕는 좋은 방법이 있다. 좀 끔찍하지만 한밤중에 잠을 자는데 강도가 들어왔다고 가정해 보자. 강도가 칼을 들이밀며 "부모인 당신이 죽을래, 당신 아들이 죽을래?" 한다면 어떻게 될까? 이 질문에 남성과 여성의 대답이 미묘하게 다르다. 남성들은 선뜻 내가 죽겠다고 대답하지 않는다. 잠깐 생각을 하고 내가 죽겠다고 대답한다. 그런데 여성들은 조금의 망설임도 없이 자신이 죽겠다고 답한다. 시간차는 있지만 결국 남자건 여자건 모두 자식의 죽음보다는 자신의 죽음을 선택한다.

그러므로 인간을 포함하여 살아 있는 생명체의 상호작용에서 가장 중요한 것은 당연히 짝짓기다. 이때 내 유전자를 전파할 배우자를 고르는 문제는 매우 중요하고도 민감하다. 마음에 드는 이성을 만나면 서로 잘 보이려고 노력한다. 대화하며 소통하고, 공감하며 상대방을 이해하려고 노력한다. 소통과 공감 능력, 즉 사회적 상호작용을 잘하는 사람은 좋은 배우자를 만날 확률이 높다.

인간은 대화로 사회적 관계를 맺는다. 대화하고 공감하며 끈끈한 관계를 만들어 간다. 반대로 대화를 하지 않으면 서로 공감할 수 없고, 상호관계를 맺을 수 없다. 대화로 상호관계를 맺는 일은 일대일 관계뿐 아니라 리더와 구성원 간에도 필요하다. 관계 맺기에 실패하면 리더의 목표나 정책 의지를 구성원들이 기꺼이 받아들이지 않기 때문이다.

피카소와 고흐의 삶을 가른 소통 능력

미술계에서 가장 위대한 천재 화가를 꼽으라면 많은 사람이 고흐와 피카소를 선택한다. 《화가들의 통찰법》[1]은 우리가 가장 사랑한 두 화가의 인생이 극적이라 할 만큼 다른 원인을 '소통 능력'에서 찾았다.

고흐는 철저하게 가난했고 고독했다. 밑바닥 인생을 살면서 평생 아무에게도 인정받지 못했다. 1889년에는 정신병원에 들어갔고, 1890년 7월 27일에 삶과 작품에 대한 괴로움을 견디지 못하고 자기 가슴에 총을 당겼다. 바로 죽지는 않았지만 총상은 치명적이었고, 비틀거리며 집으로 돌아가 심하게 앓던 끝에 그는 이틀 뒤 37세의 나이로 숨을 거뒀다.

반면 피카소는 어릴 때부터 천재성을 인정받았다. 그는 20대에 이미 세계적인 명성을 얻었고, 다양한 분야의 친구들과 어울리며 현대 미술계에 강력한 영향력을 행사했다. 피카소는 백만장자로 살다가 92세에 억만장자로 사망했다.

두 천재 화가의 삶은 왜 이렇게 달랐을까? 원인은 소통에 있었다. 고흐와 피카소는 남들과 다른 방식으로 그림을 그렸다. 기존의 틀을 깨고, 자신만의 창의성을 발휘했다. 그러나 기존의 방식과 틀을 깬다는 것은 초기에 저항을 받기 마련이다. 단순히 기존의 것과 다르다는 이유만으로 작품의 가치를 인정해 주는 경우는 별로 없다. 오히려 비난과 야유의 대상이 되기 십상이다.

그때가 중요한 순간이다. 자신의 독창성을 다른 사람에게 인정받으려면 세상과 소통하며 사람들을 이해시켜야 한다. 자신의 독창성이 갖는 의미와 가치를 세일즈해야 한다. 그러나 고흐는 극도로 폐쇄적인 인물이었다. 가까운 사람들과도 쉽게 소통하지 못하고, 철저히 자신만의 세상을 살았다. 그도 인정받고 싶었고, 자신의 그림을 팔고 싶었다. 하지만 남들과 소통하지 못했다.

대표적인 예가 고갱과의 불화다. 1889년 고흐는 프랑스 남부 아를로 이주하여 화가 공동체를 만들려는 꿈에 부풀어 있었다. 그는 예전에 파리에서 만난 적 있는 고갱에게 편지를 보내 아를에서 함께 작업할 것을 종용했다. 하지만 개성이 강하고 자기중심적인 고갱을 받아들이지 못하고 날카로운 면도칼로 자신의 귀를 자르는 사건으로 둘 사이는 파국을 맞았다.

아주 가까운 친구들과도 소통이 어려웠던 고흐와 달리 피카소는 매우 사교적이었다. 젊어서부터 영향력 있는 미술계 인사들과 어울렸고, 각계각층의 사람들과 유대관계를 형성했다. 피카소 역시 기존에 볼 수 없던 방식으로 그림을 그렸다. 하지만 피카소는 세상과 적극적으로 소통했다. 자신의 난해하고 추상적인 그림이 갖는 의미와 가치를 적극적으로 세일즈했다. 그것이 고흐와 피카소의 가장 크게 다른 점이었다.

실로 피카소의 인맥은 대단했던 것으로 전해진다. 몰락하긴 했지만 어쨌든 그의 부모는 귀족 가문 출신이었기에 학교와 미술계에 폭넓은 인맥을 유지하고 있었다. 그 덕분에 피카소는 매우 사교적이었고 관계 지향적이었다. 피카소의 작품이 고흐보다 높게 평가받는 이유는 바로 그가 일상에서 사람들과 관계하고 소통하며 작품을 계속 세일즈했기 때문이다.

미국의 카네기멜론대학에서 인생에 실패하는 이유를 조사한 적이 있다. 전문적 기술이나 지식이 부족했기 때문이라고 응답한 사람은 겨우 15퍼센트에 불과했다. 나머지 85퍼센트는 인간관계를 잘못 유지했기 때문이라고 대답했다. 피카소도 이 진실을 익히 알고 있었던 건 아니었을까?

애플트리 앤서즈라는 콜센터 서비스 기업은 직원 이직률이 97퍼센트에 달했다. 사실 높은 이직률은 그 업계의 고질적인 문제였다. 해결책이 절실히 필요했던 관리자들은 궁리 끝에 '드림 온(Dream on)'이라는 프로그램을 도입해 직원들이 각자 삶에서 가장 많이 바라지만 절대 얻을 수 없다고 믿는 것들을 요청하도록 했다. 그리고 회사에서 비밀리에 조직한 위원회가 그 꿈을 하나씩 실현했다. 그렇게 실현한 꿈은, 중병을 앓는 직원 남편이 가장 좋아하는 필라델피아 이글스 팀의 미식축구 경기를 관람하고 선수들을 만나게 해주는 것에서부터 직원이 딸을 위해 특별한 생일 파티를 준비하도록 도와주는 것까지 매우 다양했다.

그 프로그램을 도입하면서 조직문화는 놀라운 속도로 바뀌었다. 직원들은 동료를 위해서 '드림 온' 신청서를 대신 제출하고, 더 나아가 서로 도울 방법을 찾기 시작했다. 97퍼센트였던 직원 이직률은 6개월 뒤 33퍼센트까지 떨어졌다. 이직률이 낮다는 것은 직원들이 회사에 더 오래 다니면서 가까운 관계를 맺을 수 있다는 뜻이었다. 그 결과, 얼마 지나지 않아 회사의 분기별 수익률은 2분기 연속 사상 최대치를 기록했다.[2]

좋은 관계가
좋은 성과를 낳는다

상호작용의 세 가지 특징

제프 콜빈은 앞으로 회사에서 필요한 인재는 지식근로자가 아니라 관계근로자라고 강조했다. 미래에는 사람의 지식이 인공지능을 능가할 수 없고, 육체노동을 로봇보다 더 잘할 수 없게 될 터인데, 오직 사람만이 할 수 있는, 즉 다른 사람과 관계를 맺는 사회적 기술이 더욱 효용가치가 높아진다는 것이었다. 그 결과, 그는 유능한 집단을 만드는 가장 중요한 요인은 깊이 있는 상호작용 기술이라고 주장했다. 그러면서 가장 뛰어난 집단은 다음과 같이 구성원들의 상호작용에 세 가지 특징이 있다고 말했다.

첫째, 사람들은 대화에서 짧게 수많은 아이디어를 냈다. 아무도 말을 지나치게 길게 끌지 않았다.

둘째, '밀도 높은 대화'를 나누었다. 이런 대화 방식을 통해 구성원들은 지속적으로 자기 생각을 말하고, 다른 사람의 의견에 "좋아요", "맞아요", "뭐라고요?" 같은 말이나 아주 짧은 대답으로 호응하면서 좋든 나쁘든 아이디어의 가치를 인정한다는 신호를 보냈다.

셋째, 모두가 아이디어를 내고, 상대의 말에 반응을 보였으며, 대화를 한 사람이 독점하지 않고, 공평하게 주고받으며 다양한 아이디어가 나올 수 있는 분위기를 조성했다.

최고의 팀이 뛰어난 성과를 내는 데는 다른 그 어떤 요인보다 상호작용하는 이 세 가지 요소가 중요하게 작용했다. 실제로 이 세 가지 사회성 기술은 개인의 지능, 기술적인 능력, 구성원들의 성격, 그 밖의 모든 요인을 다 합한 것만큼이나 중요했다.[3]

이런 효과를 간파한 구글은 직원들끼리 대화를 촉진하기 위해 많은 노력을 기울이고 있다. 구글은 무엇보다 직원들의 뛰어난 지적 능력을 높이 사는 기업으로 유명하다. 구글은 한때 명문대를 졸업하고, 대학 수학능력 시험(SAT) 점수가 만점이거나 만점에 가까운 사람들만 뽑았다. 채용 면접에서는 시애틀에 있는 모든 창문을 닦는다면 비용을 얼마나 청구해야 하는지, 스쿨버스에는 골프공이 몇 개나 들어갈지 같은 정답 없는 질문을 던져 지원자들을 괴롭혔다.

그런 구글도 최근 인간적인 상호작용 기술을 기업의 핵심 가치로 여기고 있다. 이제 구글은 더 이상 명문대 출신이나 시험 성적이 놀라울 정도로 높은 사람들만 골라서 뽑지 않는다. 구글 회장 에릭 슈미트는 실제로 그 대신 "지원자들이 다양한 상황에서 팀으로 활동하면서 얼마나 다양한 능력을 키웠는지 묻는다"고 인터뷰에서 밝힌 바 있다.

또한 최근 구글은 입사 지원자들의 '협력적인 본성'을 중요하게 여기고 있다. 물론 구글에 입사하려면 여전히 매우 똑똑해야 하지만, 아무리 지적 능력이 뛰어나더라도 타인과 소통이 능숙하지 못하면 입사 기회를 얻을 수 없다. 설사 바늘구멍을 통과해 구글에 입사했더라도 점심시간에 식당 앞에 서서 기다리거나 카페테리아처럼 긴 테이블 등을 배치하는 등의 전략으로 인해 다른 직원들과 반드시 상호작용을 해야 한다.[4] 그렇다면 구글은 왜 이런 전략을 쓰는 것일까? 우리는 이미 앞에서 그 이유를 보았다. 직원들 간의 원활한 상호작용이 창의성으로 연결되기 때문이다.

픽사·디즈니애니메이션의 에드 캣멀 사장은 모든 사람은 창의성을 발휘할 잠재력이 있으며, 이런 잠재력을 표출할 수 있도록 이끌어주는 게 경영자의 고귀한 임무라고 확신한 사람이다.[5] 그는 스티브 잡스와 함께 픽사를 설립하고, 세계 최초로 장편 3D 컴퓨터 에니메이션 '토이 스토리'를 만들고, 이어서 '몬스터주식회사', '월-E', '라푼젤', '겨울왕국' 같은 작품을 제작하여 큰 인기를 얻었다. 그는 수많은 사람이 참여하는 에니메이션 제작에 상호 간의 의사소통이 없으면 창의적인 결과를 기대할 수 없다고 믿었다. 이를 뒷받침하는 게 브레인 트러스트 시스템(Brain Trust System)이다. 픽사 직원들이 평범한 작품에 안

주하지 않고 탁월한 작품을 제작한 동력을 우리는 이 시스템에서 찾을 수 있다. 그는 《창의성을 지휘하라》에서 브레인 트러스트에 관해 구체적으로 설명했다.

브레인 트러스트의 근간은 간단하다. 영리하고 열정적인 직원들을 한 방에 모아 놓고, 문제들을 파악하고 해결하라고 맡긴 후, 서로 솔직하게 의견을 얘기하도록 장려하는 것이다. 직원들이 솔직하게 의견을 개진하는 것을 막는 모든 요소를 파악해 제거하는 것은 거의 불가능하다. 자신의 발언 때문에 바보나 나쁜 사람처럼 보일지도 모른다는 불안감, 남의 기분을 상하게 하거나 보복을 당할지도 모른다는 공포가 솔직한 발언을 가로막는다. 경영자가 아무리 솔직하게 얘기할 환경을 조성해도 직원들이 발언 수위를 조절하는 이유는 여러 가지다. 경영자는 이런 이유를 직시하고 정면으로 대처해야 한다.

브레인 트러스트 회의에서는 때때로 과격한 표현이 오가지만, 개인적인 감정의 골이 깊어지진 않는다. 회의에서 오가는 말이 모두 문제해결을 위한 것임을 알기 때문이다. 실제로 구성원 간의 신뢰와 상호존중으로 브레인 트러스트는 뛰어난 문제해결 능력을 발휘했다. 회의 참석자들이 들여다보는 대상은 작품이지 감독이 아니다. 이는 대다수가 간과하지만 결정적으로 중요한 원리다. 아이디어 제공자는 아이디어 그 자체가 아니다. 아이디어 제공자가 아이디어를 자신과 동일시하면 아이디어가 비판받을 때 자신이 공격받는 것 같은 기분이 든다. 건전한 피드백 시스템을 구축하려면 이런 등식에서 역학관계를 제거해야 한다. 다시 말해 문제를 지적할 때는 사람이 아니라 문제 자체에 초점을 맞춰야 한다. 그 결과, 픽사는 브레인 트러스트 회의를 통해 수많은 히트 작품을 만들어 낼 수 있었다.

상호 의사소통이 성패를 가른 현악 4중주 팀

심리학자 키스 머니건과 도널드 콘론은 현악 4중주 팀들을 대상으로 조직 내 역동적인 상호 교류에 대해 연구했다.[6] 그들은 '왜 어떤 팀은 성공하는 반면, 어떤 팀은 성공하지 못할까?'에 대한 해답을 찾고 싶었다. 현악 4중주 팀은 제1 바이올리니스트, 제2바이올리니스트, 비올리니스트, 첼리스트로 구성되며, 지휘자가 따로 없다. 현악 4중주 팀은 매일 6시간씩 거의 매일 좁은 연습실에서 지낸다. 연습하는 동안 연주기법과 곡 해석에 대해 끊임없이 의견을 주고받는다. 지휘자가 없기에 연습 도중 발생하는 문제는 모두 합의로 해결한다. 그만큼 다른 형태의 연주 팀보다 인간관계가 중요하다.

머니건과 콘론은 티켓 가격, 앨범 판매량, 공연 횟수, 6개월간 신문이나 잡지 기사 수, 평론가들의 평점을 기준으로 다양한 4중주 팀을 비교·평가했다. 그 결과, 극심한 양극화 현상이 나타났다. 어떤 팀은 좋은 성과를 올리고, 어느 팀은 간신히 명맥만 유지하는 수준이었다. 성공과 실패, 부와 가난은 있지만, 중간은 없었다. 이런 결과가 발생한 이유는 도대체 무엇 때문이었을까?

연구자들은 상호 의사소통에서 그 답을 찾아냈다. 성공적인 4중주 팀은 평소 다른 단원들의 의견을 존중하고 서로를 격려했다. 문제가 발생했을 때는 충돌을 두려워하지 않았다. 물론 감정적이고 사적인 충돌이 아니라 더 완벽한 연주를 위한 긍정적인 충돌이었다.

반면에 성공적이지 않은 팀은 단지 업무적인 태도로 연습하고 연주했다. 상호 예의 바르게 행동했지만, 의사 개진이나 토론에는 매우 소극적이었다. 문제가 발생해도 충돌을 회피하고 논쟁을 벌이는 경우가 없었다. 곡 해석과 연주방식에서 자신의 주장이 제대로 받아들여지지 않는다고 모두 동일한 불만이 있었다. 그렇다 보니 리허설 때는 전체적인 의견에 따라 연주하다가도 실제 공연에서는 원래 자신의 의도대로 연주하는 모습이 종종 보였다. 그 결과, 관객들은 전체적으로 조화롭고 잘 다듬어진 연주라는 느낌을 받지 못했다.

이 연구는 상호 의사소통이 얼마나 중요한지 잘 보여준다. 조직 구성원 간 의사소통이 원활해야 하는 이유다. 조직이 경직되어 하고 싶은 말을 잘 못하거나, 올바른 방법 및 대안을 찾기 위한 토론 없이 일방적으로 명령만 한다면 일할 마음을 잃게 마련이다.

⑩
사회지능과 감성지능이
리더를 만든다

지수는 성적이 우수한 반장으로, 친절하고 예의가 바른 남자 친구가 있었다. 그러던 어느 날, 지수는 남자 친구가 다른 여학생과 웃으며 대화를 하고 있는 모습을 보게 되었다. 이 상황을 보고 질투심에 불타오른 지수는 순간 이성을 잃고 말았다. 결국 지수는 하교 후 남자 친구와 여학생을 학교 뒷산으로 불러냈다. 이 소식을 들은 지수의 친구들도 우르르 뒷산으로 몰려갔다.

"둘이 서로 마주 봐."

"어떻게 나를 두고 다른 여자랑 말해?"

"서로 따귀 때려!"

지수의 말에 남자 친구와 여학생은 서로 따귀를 때리기 시작했다. 볼이 빨갛게 변해가고 있었다. 여학생의 눈에서 눈물이 흘러내렸다.

"뭘 잘했다고 울어?"

지수의 친구가 여학생을 발로 차기 시작했다. 수습할 수 없는 학교 폭력으로 이어졌다. 공부도 잘하고, 담임교사를 도와 학급 운영에 큰 도움을 주었던 모범생 지수는 하루 만에 학교 폭력 가해자가 되어 강제 전학을 갔고, 학교생활기록부에 그 내용이 기록되었다.

지수는 학원을 7개나 다니고 있었다. 평일에는 국어, 영어, 수학, 과학 학원에 갔고, 주말에는 논술, 음악 그리고 체력 단련을 위한 학원에도 갔다. 매일 4시간 잠을 자고, 일주일에 3일은 편의점 삼각김밥으로 저녁을 때웠다. 지수의 유일한 행복은 남자 친구뿐이었다. 지수는 감정 조절을 가르쳐 주는 학원까지 다녀야 했을까?

다른 사람과 좋은 관계를 맺는 사회지능

사회지능이란 남과 어울리는 능력을 말한다. 우리 사회에서 신체장애는 보살핌의 대상이지만, 정신장애는 격리의 대상이다. 굳이 알코올 중독이나 마약 중독을 말하지 않더라도 험담을 즐기는 사람, 자기밖에 모르는 사람, 폭력적이고 충동적인 사람, 다른 사람에게 배려와 예의가 없는 사람들은 사회에서 배척을 당하기 마련이다. 타인과의 사회적 관계 맺기에 미숙한 사람은 결국 중요한 위치에 설 수 없다. 사람을 활용하는 능력이나 올바른 소통 능력은 사회지능이 부족하면 제대로 발휘할 수 없다.

의료사고는 시시비비를 가리기 애매한 경우가 많다. 이런 경우, 임의소송이란 환자가 고소를 할 수도 있고, 하지 않을 수도 있는 애매한 상황에서 의사를 고소한 경우를 말한다. 왜 어떤 환자들은 격분하여 고소를 하고, 어떤 환자들은 고소를 하지 않는 것일까? 소송 기록을 보면 어떤 의사가 고소를 자주 당하는지를 금세 알 수 있다.

환자들은 감정이 메마른 의사들은 환자에게 관심이 없고, 환자들의 통증에 주의를 기울이지 않으며, 환자들의 고통에 정서적으로 반응하지 않는다고 말했다. 그들은 그런 의사들이 환자를 배려할 줄 모르고, 생색을 내고, 심지어는 환자를 경멸하는 것으로 간주하였다. 의료 행위에 불만을 제기하면 그런 의사들은 무례하게 의견을 뭉개버렸고, 설명해달라는 환자의 요구를 무시했으며, 전화도 받지 않았다. 간단히 말해 자주 소송을 당하는 의사들은 정서적·사회적 기술이 부족했던 것이다. 그 결과, 환자들은 치료 행위가 만족스럽지 않으면 의료소송으로 보복했다.[7] 그래서일까. 이제 의과대학에서도 환자와의 소통에 대한 중요성을 깨닫고 예비 의사들을 대상으로 '말하는 법'을 가르치고 있다.

그런데 여기서 중요한 사실이 있다. 단지 소통을 기술로 접근하고 있다는 것이다. 내면의 변화 없이 기술로 구사하는 소통은 감정노동이 된다. 의료인은 의료인대로 스트레스를 받고, 환자들은 환자대로 진정성을 느끼지 못하는 결과를 초래한다. 사회지능과 감성지능을 높여 공감과 배려가 체화하도록 만들어야 하는 이유가 여기에 있다.

공감 능력이 성공을 보장한다

감성지능이 있는 사람은 사회적 상호작용이 뛰어난 사람으로, 다른 사람과 소통도 잘하고, 공감도 잘한다. 이런 사람이 인생에서 성공한다. 하버드대학의 교육심리학과 교수인 하워드 가드너는 사람의 잠재 능력을 지능지수(IQ: Intelligence Quotient)로 평가하던 과거와는 달리, 숫자가 아니라 '영역'으로 표현해야 한다고 주장했다. 모차르트는 음악, 피카소는 그림, 아인슈타인은 논리와 수학, 셰익스피어는 언어 능력이 발달한 것이 대표적인 예다. 가드너의 다중지능이론에 따르면, 모든 인간은 8가지 지능을 타고나고, 그 지능들이 서로 소통하고 결합하여 각 개인은 고유한 능력을 지니게 된다고 한다. 그 가운데 하나가 대인관계 지능으로 다른 사람들과 교류하고, 그들의 행동을 해석하는 능력이다. 대인관계지능은 대니얼 골먼이 말하는 감성지능과 뜻이 같다.

우리는 지능지수가 높아 학창 시절에는 공부를 꽤 잘했지만, 사회에 나와서는 실패한 삶을 사는 사람을 흔히 볼 수 있다. 높은 지능지수가 부유함, 명성, 삶의 행복을 보장해주는 것은 아니다. 똑같은 지능을 지녔어도 인생의 막다른 골목에 이른 사람이 있는가 하면, 계속해서 번창하는 사람도 있다. 감성 능력의 숙련된 정도가 다르기 때문이다. 우리가 지닌 능력을 얼마나 잘 활용할 수 있는지 결정하는 것은 바로 감성 능력이다.

감성 능력이 뛰어난 사람들은 자신의 감정을 잘 알고 운용하며, 다른 사람의 감정을 읽고 효과적으로 대처한다. 그들은 연애를 하거나 친밀한 관계를 맺거나 조직화된 사회생활을 하거나 정치에 관여하거나 성공한다. 또한 잘 계발한 감성지능을 지닌 사람들은 삶에 만족하고, 직업에서 성공을 거둘 확률이 훨씬 높으며, 생산성을 촉진하는 사고방식에 통달해 있다. 반면 자신의 감성 능력을 잘 통제하지 못하는 사람은 작업과 사고에 필요한 집중력과 명민함을 방해하는 내면적 갈등에 시달리기 쉽다.[8]

스탠포드대학 박사 과정의 마크 스나이더는 타인의 감성을 잘 인식하는 사람은 '셀프 모니터링'[9] 수준이 높은 사람이라고 말했다. 그런 사람들은 자신의 태도와 표현이 그 상황에서 적절한지 대단히 민감하게 반응하며, 자신의 말과 행동을 관찰하고 통제하려는 경향이 강하다. 또한 그들은 처음 만난 사람과도 쉽게 친해지는데, 그 이유는 자신의 말과 태도를 자연스럽게 바꿈으로써 상대방에게 편안한 느낌을 주기 때문이다.

지금 분위기 좋은 조용한 카페에 앉아 있다고 가정해 보자. 주변 테이블에서는 커플들이 속삭이고 있다. 여기서 셀프 모니터링 수준이 낮은 사람들은 자신의 목소리에 크게 신경 쓰지 않는다. 하지만 셀프 모니터링 수준이 높은 사람들은 주변을 살피고 최대한 작은 목소리로 이야기한다. 상대방의 표정과 반응에 따라 자신의 태도를 바꾼다. 새로운 누군가를 만날 때, 어떻게든 공통점을 찾으려 한다. 그리고 대화가 부드럽게 이어지고 있는지, 너무 많은 말을 하는 것은 아닌지, 너무 형식적으로 대하는 것은 아닌지 마음을 쓴다. 셀프 모니터링 수준이 높은 사람들은 여기서 한 걸음 더 나아가 상대방과 자신의 공통점을 발견하고, 더 많은 느낌을 공유하기 위해 노력한다. 상대방이 기분 좋으면, 자신도 신나고 즐거운 표정을 짓는다. 반면 상대방이 심각하고 진지하면, 차분하고 조용하게 이야기한다.

이는 기계적으로 상대방의 기분에 맞추라는 것이 아니다. 상대방의 느낌과 태도를 예민하게 받아들이고, 이에 따라 행동을 수정하라는 것이다. 주변 상황에 따라 행동과 태도를 수정한다고 해서 가식적이라고 말할 수는 없다. 이 부류의 사람들 역시 자기만의 가치관을 가지고 있다. 상대방의 기분에 맞춰준다고 해서 자기 생각이나 주장을 버린 것은 아니다. 다만, 그들은 상대방에게 편안하고 존중받는 느낌을 주려면, 그 상황에서 어떻게 행동해야 하는지를 본능적으로 잘 알고 실천하고 있을 뿐이다.

스나이더는 셀프 모니터링 수준을 객관적인 수치로 측정하기 위해 평가 목록을 만들었고, 여러 모임을 대상으로 심층 인터뷰를 진행했다. 그 과정에서 다음과 같이 셀프 모니터링 수준이 높은 사람들의 공통점을 몇 가지 발견할 수 있었다.

- 상대방의 성격을 금방 파악한다.
- 상황에 따른 적절한 행동 방식을 재빨리 학습한다.
- 감정 표현을 대단히 잘 조절한다. 신속하게 실마리를 포착해 곧바로 자신의 태도를 수정한다.

성공적인 삶은 결국 조직과 사회에 얼마나 빨리 섞이냐의 문제다. 그렇다고 이것이 탈개성을 의미하는 것은 아니다. 사람은 협력하고 소통하며 자신의 개성을 잃지 않을 때 즐겁고 행복하다. 미래 사회는 산업화 시대처럼 인간을 부품화하는 일이 없어야 한다.

이미 말했다시피 미래 사회는 협업을 중시하는 사회가 될 것이다. 청소년기를 지나 성인이 되어 갈수록 이런 흐름이 피부로 느껴질 것이다. 소통 잘하는 조직이 성과가 좋다는 사실이 이미 증명되었기 때문이다. 대인관계의 기본은 신뢰다. 신뢰를 잃으면 절대 리더가 되지 못한다. 사회지능과 감성지능 개발이 어느 때 보다 중요한 이유다.

아름다운 협업을
마치며

2023년 12월 말, 함박눈이 설국을 만들어 놓은 날, 의왕의 독서 모임에 초대받았다. 우리 공동 저자는 그때 처음 만났다. 나는 그 자리에서 《교양인을 위한 고전 리더십》이라는 책이 있는데, 청소년용으로 개정판을 준비 중이라고 밝혔다. 책 내용을 간략히 소개하며 함께 작업할 작가를 찾는다고도 했다.

《교양인을 위한 고전 리더십》은 2018년 출간한 책이다. 사마천이 쓴 《사기》를 읽으며 사서에 이름을 남긴 위인들은 어떤 능력이 있는지 궁금했다. 나는 오랜 연구 끝에 인(忍), 인(認), 인(人)으로 위인들의 능력을 정리했다. 이 책은 그 세 가지 능력을 청소년 시기부터 기르면 얼마나 좋을까 하는 생각으로 기획한 것이다.

식사하고 헤어질 때 정수진 작가가 내 연락처를 물었다. 다음날 연락이 왔다. 자기가 그 작업을 같이하고 싶다고. 며칠 후 우리는 다시 만났다. 정수진 작가는 이미 '책읽는정작가'라는 닉네임으로 온라인에 꾸준히 글을 발표하고 있어 기대가 컸다. 게다가 20년 교직 경력이라니 풍부한 경험을 잘 녹여내면 청소년들에게 유익한 책이 되리라 판단했다. 우리는 함께 책을 쓰기로 의기투합했다.

《교양인을 위한 고전 리더십》은 중국 춘추전국시대 배경지식이 없으면 난해한 책이다. 인명과 지명이 생소하여 당시 지도를 펼쳐놓고 읽지 않으면 이해하기 어렵다. 사실 그 부분이 걱정이었다. 하지만 정 작가는 《교양인을 위한 고전 리더십》을 정독하며 배경지식을 쌓았고, 현장 경험을 실감나게 적용하여 책을 풍성하게 만들어 주었다. 평소 꾸준한 독서가 없으면 불가능했을 내용을 척척 잘도 엮어 나갔다. '책읽는정작가'가 괜한 이름이 아니었다. 특히 청소년 눈높이에 맞춘 문장은 정 작가 필력이 아니면 불가능한 작업이었다.

지난 몇 개월간 거의 매주 인근 도서관에서 만나 책의 방향을 정하고, 목차를 잡고, 각자 쓴 원고를 검토하며 보냈다. 아름다운 협업이었다. 정수진 작가에게 고맙다. 큰 빚을 진 기분이다. 벌써 다음 책은 언제 시작할 거냐고 묻는데, 빚 갚을 기회를 빨리 마련해야겠다는 생각이다.

모든 창의적 작업이 그렇듯 글도 몇 시간, 몇 날을 고민해도 한 줄 쓰기 힘들 때가 많다. 글을 써본 사람은 알겠지만, 다른 사람이 써놓은 글을 수정하거나 덧붙이는 일은 쉬운 작업이 아니다. 차라리 내가 처음부터 다시 쓰고 싶다고 생각할 때도 많다. 나는 이런 이유로 정수진 작가의 노고를 높이 산다. 도서관에 틀어박혀 한 줄 한 줄 써 내려간 우리 작업이 청소년들에게 좋은 길잡이가 되기를 간절히 기원한다.

공동 저자 오정환

주석 인용

1장 인내력-참고 견디며 기다리는 능력

1. 말콤 그래드웰, 《다윗과 골리앗》, 선대인 역, 21세기북스, 2014, 172~173쪽.

2. 에릭 시노웨이 외 1인, 《하워드의 선물》, 김명철 외 1인 역, 위즈덤하우스, 2013, 37쪽.

3. 하워드 가드너, 《통찰과 포용》, 송기동 옮김, 북스넛, 2006.

4. 공원국, 《춘추전국이야기3》, 역사의 아침, 2015, 224쪽.

5. 제프 콜빈, 《재능은 어떻게 단련되는가?》, 김정희 역, 부 · 키, 2014, 17쪽.

6. 대니얼 코일, 《탤런트 코드》, 웅진지식하우스, 2009, 112쪽.

7. 제프 콜빈, 위의 책, 107~111쪽.

8. 플립 플리펜, 《위대한 반전》, 신준영 역, 랜덤하우스, 2018, 55쪽.

9. 조셉 그레니 외 3인, 《결정적 순간의 대화》, 김경섭 역, 시아출판사, 2008, 63쪽.

10. 댄 애리얼리, 《상식 밖의 경제학》, 장석훈 역, 청림출판, 2011, 164~169쪽.

11. 한유정, 《꿈보다 먼저 뛰고 도전 앞에 당당하라》, 위즈덤하우스, 2010.

12. 칩 히스외 1인, 《스위치》, 안진환 역, 웅진지식하우스, 2010, 295~300쪽.

13. 로이 F 바우마스터 외 1인, 《의지력의 재발견》, 이덕임 역, 에코리브

르, 2012, 110~111쪽.

14. 다니엘 핑크, 《새로운 미래가 온다》, 김명철 역, 2012, 259쪽.

2장 예지력-이치를 꿰뚫어 보는 능력

1. 조영태, 《정해진 미래 시장의 기회》, 북스톤, 2018.

2. 최윤식, 《미래학자의 일자리 통찰》, 김영사, 2020.

3. 토마스 J. 스탠리 외 1인, 《백만장자 불변의 법칙》, 홍정희 옮김, 리드리
   드출판, 2017.

4. 공원국, 《춘추전국이야기》, 위즈덤하우스.

5. 게리클라인, 《통찰, 평범해서 비범으로》, 김창준 옮김, 알키, 2018, 22쪽

6. 게리클라인, 위의 책, 27~30쪽

7. 윌리엄 B, 어빈, 《아하, 세상을 바꾸는 통찰의 순간》, 까치, 176쪽

8. 윌리엄 B, 어빈, 위의 책 79~80쪽

9. 윌리엄 B, 어빈, 위의 책, 140쪽

10. 최윤식, 위의 책, 235쪽

11. 카알 폰 클라우체비츠, 《전쟁론》, 김민수 역, 갈무리, 2013, 116~117쪽

12. 에이미 윌킨스, 위의 책, 46쪽.

13. 에이미 윌킨스, 위의 책, 55쪽.

14. 에이미 윌킨스, 위의 책, 72쪽.

15. 에이미 윌킨스, 위의 책, 78쪽.

16. 에이미 윌킨스, 위의 책, 82쪽.

17. 로버트 루트번스타인 외 1인, 《생각의 탄생》, 박종성 역, 에코의 서재,

219쪽.

18. 로버트 루트번스타인 외 1인, 위의 책 225쪽.

19. 팀 허슨, 《탁월한 생각은 어떻게 만들어지는가》, 강유리 역, 현대지성, 2020.

20. 매리언 울프, 《책 읽는 뇌》, 이희수 옮김, 살림, 2013, 119p

3장 관계력-타인과 공감하며 소통하는 능력

1. 정인호, 《화가들의 통찰법》, 북스톤, 2017.

2. 제프 콜빈, 《인간은 과소평가 되었다》, 신동숙 역, 한스미디어, 2016, 209~210쪽.

3 제프 콜빈. 위의 책, 198-199쪽.

4. 제프 콜빈, 위의 책, 314-315쪽.

5. 에드 켓멀외 1인, 《창의성을 지휘하라》, 윤태경 역, 와이즈베리, 2014. 15쪽.

6. 오리 브래프먼 외 1인, 《클릭》, 박세연 역, 리더스북, 2011, 62~67쪽.

7. 셸리 테일러, 《보살핌》, 임지원 역, 사이언스북스, 2008, 311~312쪽.

8. 대니얼 골먼, 《사회지능》, 장석훈 역, 웅진지식하우스, 2006, 83쪽.

9. 오리 브래프먼외 1인, 위의 책, 230쪽.

참고도서

- 《걱정 많은 사람이 잘되는 이유》, 줄리 K. 노럼, 임소연 역, 한국경제신문사, 2015.
- 《결정적 순간의 대화》, 조셉 그레니외 3명, 김경섭 역, 시아출판사, 2008.
- 《결국 해내는 사람들의 원칙》, 임수열, 헤리티지북스, 2023.
- 《꿈보다 먼저 뛰고 도전 앞에 당당하라》, 한유정, 위즈덤하우스, 2010.
- 《논어》, 공자, 한필훈 역, 안티쿠스, 2012.
- 《다시, 책으로》, 매리언 울프, 전병근 역, 어크로스, 2019.
- 《다윗과 골리앗》, 말콤 글래드 웰, 21세기북스, 2014.
- 《미래학자의 일자리 통찰》, 최윤식, 김영사, 2020.
- 《백만장자 불변의 법칙》, 토마스 J. 스탠리 외 1인 지음, 홍정희 역, 리드리드출판, 2017.
- 《보살핌》, 셸리 테일러, 임지원 역, 사이언스북스, 2008.
- 《부자가 되려면 부자에게 점심을 사라》, 혼다 켄, 홍찬선 역, 더난출판사, 2004.
- 《블링크》, 말콤 글래드웰, 이무열 역, 김영사, 2020.
- 《하버드 글쓰기 강의》, 바버라 베이그, 박병화 역, 에쎄, 2011.
- 《사기본기》, 사마천, 김영수 역, 알마, 2012.
- 《사기세가》, 사마천, 김원중 역, 민음사, 2014.

- 《사기열전》, 사마천, 임동석 역, 동서문화사, 2009.
- 《사회지능》, 대니얼 골먼, 장석훈 역, 웅진지식하우스, 2006.
- 《상식 밖의 경제학》, 댄 애리얼리, 장석훈 역, 청림출판, 2011.
- 《새로운 미래가 온다》, 다니엘 핑크, 김명철 역, 2012.
- 《생각에 관한 생각》, 대니얼 카너먼, 이창신 역, 김영사, 2018.
- 《생각의 탄생》, 로버트루스타인 외 1인, 박종성 역, 에코의서재, 2007.
- 《설원》, 유향, 임동석 역, 동문선, 1997.
- 《성공하는 사람들의 7가지 관찰습관》, 송숙희, 위즈덤하우스, 2008.
- 《손자병법》, 손무, 유동환 역, 홍익, 2022.
- 《스위치》, 칩 히스외 1인, 안진환 역, 웅진지식하우스, 2010.
- 《실행지능》, 저스틴 멘커스, 강유리 역, 더난출판사, 2008.
- 《아하, 세상을 바꾸는 통찰의 순간》, 윌리엄 B, 어빈, 전대호 역, 2015.
- 《얼굴의 심리학》, 폴 에크먼, 이민아 역, 바다출판사, 2006.
- 《에센셜리즘》, 그렉 캑커운, 그렉 맥커운, 김원호 역, 알에이치코리아, 2014.
- 《어씨춘추》, 여불위, 김근 역, 글항아리, 2014.
- 《열정과 기질》, 하워드 가드너, 임재서 역, 북스넛, 2007.
- 《예루살렘의 아이히만》, 한나 아렌트, 김선욱 역, 한길사, 2022.
- 《원하는 것이 있다면 감정을 흔들어라》, 다니엘 사피로 외 1인, 이진원 역, 한국경제신문사, 2013.
- 《위대한 반전》, 플립 플리펜, 신준영 역, 랜덤하우스, 2018.
- 《의지력의 재발견》, 로이 F 바우마스터 외 1인, 이덕임 역, 에코리브르,

2012.

- 《인간은 과소평가 되었다》, 제프 콜빈, 신동숙 역, 한스미디어, 2016.
- 《재능은 어떻게 단련되는가?》, 제프 콜빈, 김정희 역, 부키, 2014.
- 《전국책》, 유향, 임동석 역, 동서문화사, 2009.
- 《전쟁론》, 카알 폰 클라우제비츠, 김민수 역, 갈무리, 2009.
- 《정해진 미래 시장의 기회》, 조영태, 북스톤, 2018.
- 《제7의 감각》, 윌리엄 더건, 윤미나 역, 비즈니스맵, 2008.
- 《창의성을 지휘하라》, 에드 켓멀외 1인, 윤태경 역, 와이즈베리, 2014.
- 《책 읽는 뇌》, 매리언 울프, 이희수 옮김, 살림, 2013.
- 《춘추전국이야기1~10》, 공원국, 위즈덤하우스, 2011.
- 《크리에이터 코드》, 에이미 윌킨슨, 김고명 역, 비즈니스북스, 2015.
- 《클릭》, 오리 브래프먼 외 1인, 박세연 역, 리더스북, 2011.
- 《탤런트 코드》, 대니얼 코일, 윤미나 외 1인 역, 웅진지식하우스, 2009.
- 《통찰, 평범해서 비범으로》, 게리클라인, 김창준 역, 알키, 2018.
- 《통찰과 포용》, 하워드 가드너, 송기동 역, 북스넷, 2006.
- 《하워드의 선물》, 에릭 시노웨이외 1인, 김명철외 1인 역, 위즈덤하우스, 2013.
- 《한비자》, 한비, 김원중 역, 글항아리, 2014.
- 《화가들의 통찰법》, 정인호, 북스톤, 2017.